種まきびとの絵日記
はるなつあきふゆ

絵と文 早川ユミ
絵 まりぼん

まえがき

高知新聞のk+に3年間連載した、「種まきびとの谷相《たにあい》ぐらし」が、『天然生活』の地球丸から『種まきびとの絵日記』として出版されたのは、２０１５年のことです。

10年もたつと、お話のなかのセツローさんや、豊太郎さん、それから晴一さんや、テルコさんは、銀河の宇宙に旅立たれ、谷相には、サンちゃん、カイくんが生まれ、ちいさな人がいっぱいです。そして、あいかわらず谷相の田んぼや畑や果樹園の風景は、きょうも太陽の光がいっぱい、ピカピカのお天気です。お弟子たちがどんどんやってきます。やがてお弟子期間の3年が過ぎるといなくなるという時代が長かったのですが、最近では、お弟子だった人たちが、じょじょに村びとになっています。２０１４年にお弟子だったちよちゃんが、谷相のとなりの村で、「うずまき舎」という本屋をはじめ、10年がたちました。またお弟子だったえまちゃん、さおりちゃん、まりぼんも、谷相に根っこをはやしました。まるで、わたしのまいた種たちがどんどん実を太らせて、また種になるように。人もまた種のよう。ちいさな種がふえていきます。

こうしてわたしやテッペイのところにやってきたお弟子たちが、谷相ぐらしを楽しんでいます。お弟子たちはいれかわるんだけれど、なんだか面白そうなコミュニティができあがりつつあります。村っていうのはもともと、こうしたものだったのでしょうか。畑もこの10年でふえました。そこで、なまえをつけました。ラブミー、スーダラ、ブータン、ティック・ナット・ハン、ガンジー、カディ。

絵日記のなかで登場した人たちが、いまのわたしをつくり、わたしが次の世代に、わたしという種を手わたして、また次の時代がやってくるのです。

「土さえあれば」とにっこりする豊太郎さんは、いまはいない。けれども「土さえあれば、だいじょうぶ」ということばは、これからの時代を生きるためのメッセージとなって語りつがれていくことでしょう。

わたしたちは、資本主義後の社会を生きるために、考えはじめています。「土さえあれば」は暮らしが社会をかえること、社会運動としての提案です。暮らしが社会をかえることができる。コロナの時代があったって、村では土さえあれば、だいじょうぶだったのです。田んぼに苗が植わっていることこそが、大きな安心につながります。土と水と太陽の贈りものが、あたらしい経済をつくるのです。ほんとうの人間の生きかたは、自然の贈りものをうけとって、その暮らしのちえをつぎの世代に手わたしていくことなのです。つぎの時代には、土とくらすこと、これがひとつの社会運動になるはずです。

もくじ

登場人物図

やえちゃん
たなぽん
まほちゃん
豊太郎さん
りえちゃん

邦弘さん
晴一さん
そとねこ
たび
たねこ
にわとり
シスターズ
うね
ノイノイ
いね

カイくんとまりぼん
サンちゃん
ふく
ソム
こう
タム
ゆいちゃん
ボン
テルコさん

種まきびとのおしごと暦

はる

立春［りっしゅん］二月四日頃

立春とは、梅の花が咲き、うぐいすが鳴き、はじめて春の気配が感じられるようになるころのこと。ほんとうの、春のはじまり。旧暦のお正月。果樹の剪定と寒肥えをまきます。大根を干し、酢漬けたくあんつくり。こうじをつくり、みそをつくります。

雨水［うすい］二月十九日頃

雨水とは、雪が雨へとかわり、雪解けがはじまるころのこと。農耕の準備のめやす。このころ畑や田んぼを耕しておくと、夜のあいだに凍って、昼に解けるので、土がふわふわになります。ふきのとうを採ります。果樹の苗を植えます。畑の土に草木灰や油かす、鶏糞をまきます。

啓蟄［けいちつ］三月六日頃

啓蟄とは、大地があたたまり、冬眠していた土のなかの虫がでてきて、うごきはじめるころのこと。「桃始めて笑う」ころ。コブシの花、しきびの花が咲いたら、じゃがいもを植えます。菜花を収穫します。日本みつばちの巣箱のそうじなどお世話をはじめます。

春分［しゅんぶん］三月二十一日頃

春分とは、昼と夜の長さがおなじになる日。

ひかりがまして、桃やあんずやひとえのさくらが咲きほこり、春らんまんのうつくしいころ。

二十四節気のおおきなふしめ。日本みつばちの分蜂にそなえて巣箱に蜜をぬります。

夏野菜の種まきをします。山菜採り。蓮の植え替え、肥料(煮干し)をいれます。

清明［せいめい］四月五日頃

清明とは、すべてのものたちが、いきいきと、清らかに澄みわたるように、見えるころのこと。

若葉が、花が、鳥が、生命のひかりかがやくとき。自生するみつばがおいしい季節です。

虹がきれいに見えはじめます。よもぎの若芽で、よもぎだんご汁をつくります。

穀雨［こくう］四月二十日頃

穀雨とは、穀物を育てるために春の雨のふるころのこと。

あたたかい春の雨が穀物を潤すという意味の穀雨は、ありがたい雨のめぐみ。

真竹のたけのこが採れるので、わかめと炊いてさんしょの葉っぱをのせます。

さといもとしょうがを植えます。

種まきびとの谷相《たにあい》暮らし

御在所山
はちの巣箱
かんのんさま
大きな石
くるみ
やえちゃん
お地蔵さま
こんぴらさま
ノイノイの散歩道
へびが
开大元神社
大きな石

雨水に土つくり

種をまきながら、暮らしを紡ぐ

高知の山のてっぺんに移住して26年。ここに暮らすいちばんのうれしいことは、種まきするのと、木を植えることです。標高450m、棚田がひろがる谷相のちいさな畑とちいさな果樹園のたゆたゆにちにちは、わたしのうれしいやかなしいの気もちをつくり、それがわたしのちくちくしごとの根っこになりつつあります。ちくちく、畑、ごはん。どれもがわたしのしごとです。

谷相のひとびとは、みな種まきびとです。やえちゃんもそのひとり。わたしの畑の先生です。やえちゃんのゆびはいつも、大根やかぶの葉っぱをさらさらとなでて、ほうれん草の根っこやネギの根っこをなでるように洗います。まるで赤ちゃんのからだを洗うように、やさしく、ていねいに、くるくると。

うちは、家庭菜園くらいまかなえればという気もちでやっています。テッペイ（わたしの夫）とわたし、お弟子のたなぽん、象平、まほ、りえ。お客さんがくると畑の野菜だけではまかなえなくて、やえちゃんの畑へわけてもらいに走ります。この谷相にやってきて、なにが気もちいいかというと、こういう谷相のひとびととのつながりです。玄関にお野菜や、たけのこ、ニラ、手づくりのこんにゃくやおとうふ、お漬け物や煮もの。

気づかぬうちにおかれていると、だれがもってきてくれたのかなあと、みんなの顔を思い巡らします。これはじつにゆたかなことだなあと気づきます。

また谷相ではまいとしお正月の3日の朝、初会《はつかい》があり、みなで顔をあわせて、「おめでとうございます」と言います。ことしの区長は小松太くんで副区長はテッペイ、会計はたけやん。というように役員も決めます。ここでひと家族からひとりずつでて意見を言ったり議論したり、まさに「自由は土佐の山間より出づ」だなあと感心します（自由民権運動の植木枝盛のことば）。

そして、2月の畑は、やえちゃんによると雨水（二十四節気のひとつ、うすい）には畑の土をスコップでひっくりかえしておくんだそうです。すると、雨がふって、凍って、土がなにもしないでもぱらぱらになるのだというので、おどろきです。

山の神さまのほこら
山ざくら
白菜の菜の花
じゃがいも
玉ネギ
ニンニク
みつばちの巣箱
姫りんご
アーモンド
みかん
洋ナシ
くるみ
野生のびわ
ブルーベリー
ブルーベリー
ブルーベリー
レモン
ジャカランダ
パッションフルーツ
朝鮮あさがお
おおとよへぬける道
うめ
あんず
まき小屋
いちじく
みかん
そらまめ
じゃがいも
大根
くり
キンかん
さんしょ
みつば
コリアンダー
春菊
玉ネギ
ニンニク
ネギ
ブロッコリー
キャベツ
ゆず
蔵
おくら
とり小屋
ローリエ
洗い場
おうち
ジンジャー
みょうが
お茶
柿

ちいさな果樹園
お茶
お茶
ブルーベリー
柿
ざくろ
くり
くり
くり
レモン
竹林
ちいさな
はちの巣箱
すもも
プラム
すもも
もも
小夏
なし
りんご
みかん
もも
千代姫
お茶
お茶
シークワサー
でっかーい
野生のえのき
小川
バナナ
(芭蕉)
びわ
びわ
ライム
こうめ
南高梅
白梅
うめ
うめ
うめ
お茶
ぐりみ
まゆみ
うめ
うめ
お茶
ちいさな畑
こんにゃく
ごま
つるな
大根
カブ
たい肥
ルッコラ
ゆず
ニラ
レタス
あんず
お茶
しいたけの原木
♪音楽は原田郁子のこだま♪
くにひろさんの石垣積みのしごと
まきの窯
くにひろさんの石垣積み
まきわり場
お風呂
わたしのしごと場
てっぺいのしごと場
ねん土

啓蟄のころ日本みつばちの巣箱のお世話をする

ちいさな畑とちいさな果樹園

棚田のうつくしい景色は、石積みの石垣に支えられています。ここ谷相の棚田の石垣は、長宗我部《ちょうそかべ》のころからつづくものだとみなは言います。だから先祖代々受けつがれた石垣に草を生やしちゃいけないと。その草の根っこが石垣を壊すからです。うちは草刈りをさぼっていてとうとう石垣がくずれてきたので、72歳の出原邦弘さんにおねがいして、つきなおしてもらいました。

コンクリートを使わずに昔ながらの石だけで積むのはたいへんなわざです。パズルのように石の形を組み合わせて積んでゆきます。邦弘さんはほっぺたをまっ赤にした笑顔で「石が好きじゃき、むちゅうになって積むのが楽しい」と。薪窯やしごと場のうしろはほれぼれとするうつくしい石垣になりました。石積みの石垣を見るたびに邦弘さんのことばを想います。わたしのしごとも(ちくちくもんぺや衣服を縫う)テッペイのしごとも(粘土で器をつくる)好きだからこそ、つくることに熱中できるのです。たいへんと思うまえにもうすでにやってしまっていることなのです。これはわたしのちいさな畑や果樹園もおなじで好きで好きでたまらないので、こうしようとかああしようとか思うまえに、からだがうごいてしまうのです。

3月啓蟄のころから春がうごきはじめます。ふきのとうがでてふきみそをつくり、梅、桃、あんず、すももと花がじゅんぐりに咲くと日本みつばちが花の蜜を集めにちいさな果樹園にぶんぶん飛びまわります。そう、わたしが果樹を植えているのは日本みつばちのためでもあるのです。みつばちのおかげで実も良くなります。

わたしの畑の師のやえちゃんのだんなさんの晴一さんが日本みつばちを飼っていたので、谷相にきてから習ったのです。家のまわりと、やえちゃんちのうえの山にあわせて28個の巣箱をおいています。夏の暑いころ蜜をたらして採ります。ふた箱で一升瓶一本くらい採れると、じゅうぶんはちみつの自給ができます。日本みつばちはとてもかわいくて黄色い花粉を六本の足にまあるくつけて、飛ぶすがたにはおもわず笑顔になります。

みつばちの巣箱をおくところは石垣のうえがいいのだそうです。みつばちもやっぱり石が好きなのだと晴一さんに教わりました。

んと台所
ばとん
ほうれん草なべ
肉みそのちしゃなつつみ
大根 こんにゃく 卵
しょうが にんにくを お茶わん いっぱい みじん切り にして かつおだしの スープ にうかべ
しょうゆ 酒で味つけします。ほうれん草と 豚バラ肉、くず などを入れて なべにします。
もやしのナムル
ニンジンのナムル
ほうれん草のナムル
ちしゃなに肉みそ ごはんナムルを つつんでたべます
ししのお肉が
ると、(いただくと)
味噌でくつくつ煮て
べます。次の日は
豚バラでくしカツを
くって 赤味噌のいのしし
につけて キャベツとたべます。これをわが家ではやばとんという

3.11のあと みなでたべたメニュウ
♪音楽はハナレグミの家族の風景♪
わが家のごは
ニラチヂミ
レンコンボール
ごぼう
いのしし肉
谷相で村のみんながつくる甘くておいしいニラ 豚バラ肉を入れ 卵+小麦粉+米粉+かたくり粉の生地にまぜてフライパンで焼きます。しょうゆ+酢+ごま油のタレをつけて
レンコンをすりおろし とりミンチにしょうがをすり、しょうゆで味つけして、酒、みりん、小麦粉を入れて、まるめて油であげます。甘酢あんからめてもおいしい。

春分にはあんずのお花見を

種をまこう、木を植えよう、果樹を育てよう

京都大学の元学長の尾池和夫*さんは地震学者で、幼いころに谷相のわが家のつづきの土地に住んでおられたそうです。

ふしぎなご縁でこのお話を聞きました。明石のギャラリー風来で、個展をひらいたとき、そのギャラリーのとなりで、陶芸をなさっている滝口眞理さんが尾池さんの奥さんの妹さんだったのです。うちのすぐよこの土地に尾池さんが住んでおられたという偶然の出会い。尾池さんには地震の著書をいただきました。幼いときに谷相で地震に遭われたというのが南海大地震でした。もうそろそろ、次の南海地震がくるくると言われていたのに、先に東日本大震災が2011年3月11日にやってきたのでした。

すぐに福島原発の事故の心配から、ちいさな赤ちゃんのしおちゃんと工藤さん（映像作家、『うつわびと小野哲平』（ラトルズ刊）のDVDを撮影した）えりちゃん一家が東京から疎開してこられました。疎開といえば戦争中、谷相の小松淳平さんちに笠智衆さんが疎開してきたと聞きました。現代の疎開は戦争からではなくて、原発の放射能から逃げてくるというからおどろきです。こんな時代がくるなんて想像もしませんでした。ほかにもしたのこどもの通っている埼玉県の自由の森学園から高校生や、東京から音楽の友

人が疎開してきました。すぐにわが家は、まいにち10人のごはんとなりました。こういうときお米と手づくりのみそ、梅干し、たくあん、らっきょうがあれば、すこしのおかずでもなんとかなります。

自由の森学園のこどもたちは、山口県の上関原発の反対にでかけました。そして祝島のひじき採りを手伝って、お土産のひじきとともに帰ってきました。福島原発の放射能が海や土や空気、自然のめぐみを汚染しないことを祈るばかりです。そして、このような時代にひつようなのは地に足をつけた、地べたの暮らし。たべものの自給だけではなくて、エネルギーの自給だと思いはじめました。

いま母なる地球のふるえ、母なる地球のかわるとき、わたしたち人間はもうひとつの生き方を、3月11日から、じょじょに、探していかなくちゃならない。畑に種をまこう。木を植えよう。果樹を育てよう。たべものをつくろう。ちいさなエネルギーで暮らせるように、わたしたちの暮らしがここからかわるとき。

＊その後、京都造形芸術大学の学長になられました

きの図
る自然のなかで
いちじく
いちじく
畑
みかん
カボチャ
ズッキーニ
ピーマン
ししとう
くり
大根
ゴボウ
ゆず
ソラ豆
サツマイモ
ラッカセイ
畑
玉ネギ
ニンニク
大豆
ネギ
きんかん
しょうが
エンドウ豆
インゲン
キュウリ
みちのむこうのちいさな畑
さくら
お茶
お茶
柿
ノイノイ
象印スコップ
畑の土が元気のもと。

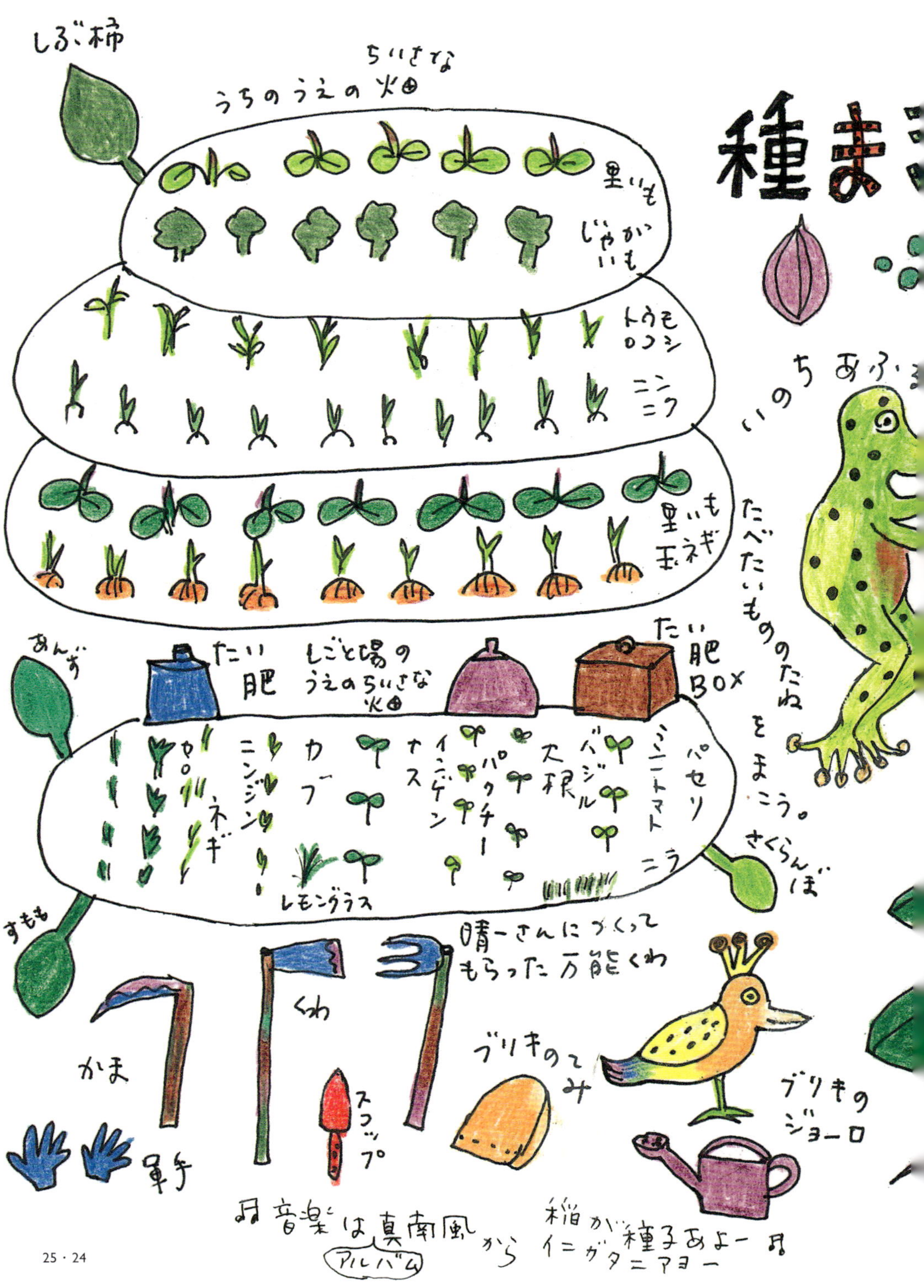

種ま
いのちあふ
たべたいもののたねをまこう。
しぶ柿
ちいさな
うちのうえの畑
里いも
じゃがいも
トウモロコシ
ニンニク
里いも
玉ネギ
あんず
たい肥
しごと場のうえのちいさな畑
たい肥BOX
ネギ
ニンジン
カブ
ナス
インゲン
パクチー
大根
バジル
ミニトマト
パセリ
ニラ
レモングラス
さくらんぼ
すもも
晴一さんにつくってもらった万能くわ
くわ
かま
スコップ
ブリキのてみ
ブリキのジョーロ
軍手
♫ 音楽は真南風から
アルバム
稲が種子あよー ♫
イニガタニアヨー

穀雨のころまいた種の芽がでてほっとする小満のころ

種まきに、種のはなし

わたしのいちばん好きな谷相のみどりあふれる季節。種まきにこころがうきうきする季節なんだけれど、福島原発の事故が気になっています。種袋をかかえながらあたまをかかえているのです。ふと種の袋をよーく見てしまった。生産地、にんじんがオーストラリア、かぶがイタリア、下仁田ねぎがチリ、オクラが台湾、ほうれん草がデンマーク、アスパラガスがアメリカ、ごぼうはユーラシア大陸北部ってね。でもこれってなんだかへんです。

土佐山田の農協に野口勲さん（在来種、固定種を扱う埼玉県の種屋さん）のお話を聞きにでかけました。『いのちの種を未来に』という本も創森社からだしていらっしゃる野口さんのお話は、かなりショックなものでした。種がどうつくられているのか。F1の種をつくるために、いい種といい種をかけあわせてつくるんです。いい野菜をかけあわせていいところのそろった種をつくるために、まず雄性不稔《ゆうせいふねん》のおしべのない種を探しだして、それとかけあわせてつくるのです。人間でいったら、無精子症の種ということ。この無精子症の花粉を集めているみつばちにもなにかの影響があるだろうと、野口さんは言う。えーっ、みつばちにまで影響があるとは、とおどろいた。種には本来のすがたがあるからこそ在来種、固定種の種をおすすめするということなのだ。でも現実的には、農家はそろった野菜を出荷しなくてはならないから、おおきさもまちまち、不ぞろいな野菜は農協がうけつけないので、ひろまらないというのです。

わたしはこの話を聞き、埼玉県まで野口さんをたずねて、じゃあどうすればいいのですか?と質問してみました。すると、家庭菜園やわたしみたいにちいさな畑を耕している種まきびとにひろまってくれたらというのです。わたしは在来種、固定種の種をさっそく、購入して畑にまいてみました。畑の師・やえちゃんにも、みやまこかぶの種をあげました。かぶはちいさくても味がしっかりしている。自給自足の畑ではいっぺんにそろって収穫できないほうがいい。これは家庭菜園にむいていると実感しました。おまけに自家採種できます。ことしの畑は在来種や固定種の種をまこう。

東京の渋谷で、野口さんと、ジョン・ムーアさん(元パタゴニアの日本支社長)とのトークセッションに呼ばれました。種つながりの3人。ジョン・ムーアさんは高知に引っ越しされたんだそう。

トークセッションでは、「高知にみんな移住しよう」という話でもりあがりました。高知が種まきびとであふれて農業にやさしい、太陽光や風力発電などの自然エネルギーで、たべものの自給とエネルギーの自給をめざしてゆくと、これからのにっぽんの未来にあかりを灯すのではと思います。

紅茶をつくろう。

⑥

翌日ざるにほぐして
お陽さまに干して
からからにして
できあがり

♫ 音楽は 内田ボブの
小さなトマトを
聴きながら♫

い、最初から耕して
早(2せ) 田んぼだった
りした) ブータン農場(5せ)
(星野源の)を歌いながら
ラ農場(3せ)
園(7せ)あわせると 1反7せ
るので、象と耕すとき
うのが、たいへんなので
した。「ユミはどこ行った?」
だたねまき」というように。

⑦ うちではみなで
3時のお茶をし
ます。しあわせ
なお茶のじかん。

紅茶のつくりかた ①

← こんな若い新しい芽
3つの葉っぱをつみます。

② 大きなざるいっぱい
とります。

③

ねりばちに入れて
ねん土をこねるみたいに
よくもみます。
(30分くらい)

谷相のひとは
釜いり茶にして
1年分をつくる。
緑茶・番茶とお茶の木は同じ。

④ おにぎりみたいに
ひとつに丸まったら
ぬれぶきんでくるんで
手おけに入れる。

⑤ お風呂の残り湯に
手おけに入れて
浮かべて
ふたをする

まきのお風呂は
あったかい。
風呂おけは
佐川町の
桶屋さん
のつくったもの

いちねんぶんの

わが
火田の

ちいさな果樹

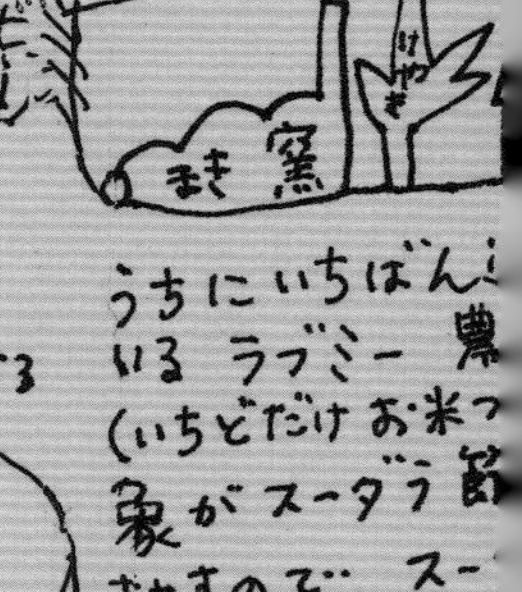

うちにいちばん
いる ラブミー農
(いちどだけお米つ
象がスーダラ節
耕すので、スー
ちいさな果樹
火田が3ヶ所あ
あっち、こっちとい
名前をつけ
「スーダラ農場

小満のころお茶摘み

紅茶の自給自足

谷相のいちばん、うつくしい季節がやってきます。棚田にお水がはいり鏡のようにひかりを放ち、かがやいています。明け方まだうすぐらいとき、朝日があたるまえのときをカワタレといいます。その一瞬の時間、カワタレのときわたしは息をのんでしまいました。群青色《ぐんじょういろ》につつまれた棚田にもやがかかり、桃源郷《とうげんきょう》ということばが思いうかびました。夕方の太陽が沈む一瞬、タソガレのときにも、ふしぎなむらさき色につつまれる谷相の棚田を、わたしはこころの目にそっとしまっています。こころの、ふるさとということばがぴったりの、うつくしさの原点がここにあります。原郷ともいえる谷相の棚田。あまりのうつくしさなので、ひみつにしたくなります。

その棚田の石垣にはちゃんとお茶の木が植わっています。5月12日と31日にやえちゃんの畑とちいさな果樹園のお茶摘みをしました。お弟子のちよちゃんとやえちゃんの3人で。お茶の木の芽吹いたばかりのやわらかな、ちいさな葉を摘み、1年分の紅茶をつくるのです。若葉の3枚のしなやかな茶葉を手で摘みとるだけなのに、こころが躍るほどにうれしくて楽しくて感動するのです。「どうしてなんだろう。なぜなんだろう。このお茶摘みの楽しみのわけがわかると、いまつくっている台所の本が書けるんだけどな」

「生まれたてのひよこのかわいさったらないよねぇ」とおしゃべりしながら3人でお茶の木の斜面に並んですわり、お茶をのみ、柏餅をたべました。

紅茶のつくり方

①手でよくもんで（粘土をこねるみたいに）、茶葉のおにぎりができるほどになるまでにします。

②ぬれ布巾で包んでお風呂のなかの手桶にいれて浮かべます。ひと晩発酵させます（お風呂に入ったあとの湯に）。

③翌日おひさまにあてて乾燥させます。できあがり。

茶葉をふたつの手でもんでいると葉っぱの青い匂いが、手のぬくもりで、ふっと紅茶の香りに変わるときがあります。たいせつなのは五感で感じながらのものつくりです。こたつで発酵させたり（乾燥しすぎで失敗）、試行錯誤のすえ、お風呂が湿度もあり、温度もちょうどいいと思いつきました。こうしてできた紅茶をみんなの集まる3時のお茶に飲みます。これが至福のお茶のときです。お茶を味わうとともに、いろんな話をします。棚田のうつくしいわけって？　それはひとびとの棚田をつくるしごと、所作のうつくしさにあるとか、しごとが暮らし、暮らしがしごとってなんだ？　脱原発とは？　話をすることで、感じたり考えたりつながったりできるのです。こういうわたしたち人間の営みこそ、紅茶づくりのしあわせとつながり、ひとをいきいきとさせるのです。

ご汁

葉をゆがきます
すり鉢かミキサーで
ーストにします。
れて 豆たぶくらい
めます。
なかでゆでてみそを入れます。

草ごはんを
ろう・・・

ふきみそ

① ふきをさっとゆがき
水にさらします。

② みじん切りして.
なべにみそ.みりん
さとう.酒を入れて.
煮たてて.みそが
トロリとしたら
入れます。できあがり.

ふきみそ

ごはんの友です。

つくしの卵とじ

① つくしのはかまをとる。

② さっとゆがいて 水にさらします。

③ だしにうす口しょうゆと みりん さとうで味つけし、ときたまごでとじる。できあがり

うちの子どもが小さいときは、春になると よく玄関につくしや よもぎが たばねて おいてありました。

子どもにはほろにがくて、ちょっとがっかりでしたが、いまでも 春になると、つくります。

よもぎだん

① よもぎの 若
② 水にさらして、なめらかなペ
③ だんご粉をし にこねて、丸め
④ だしの

摘み
つく

春、梅の花が咲くと、沈丁花が香り、桃、あんず、すもも、菜の花、ミモザ、さくらんぼ、レンギョウ、コブシ、ひとえのさくらとじゅんぐりに花が咲いてゆきます。冬の枯れた風景がぱっと、にぎやかになって、そこかしこから、あかるいひかりが感じられます。色とりどりの花たちがふふーっと笑って、踊り、山笑うということばがぴったりです。笑いのうずはわたしのぐるりを、こらえきれない笑いとなっておおいます。だれかに教えられなくとも、野生の植物はちゃんと季節をわかっていて、芽吹き、花が咲きます。そんな植物の神秘にこころから感動します。

春分には夏野菜の種まきをしよう

春の野草をたべよう

春には、わたしの畑は野山です。ふきのとう、よもぎ、かんぞう、つくし、ギボウシ、わらび、ぜんまい、たらの芽、いたどり、うど、のびる、山ぶき、たけのこと、春がやってくると野生のたべられる植物が野山にあふれいっぱいになります。さんぽのとちゅうに摘み草します。もともと採集生活が好きです。ちいさな畑でつくる野菜より、野草の味はなにか、わたしのなかの眠っている、わたしじしんの野生の感覚を、呼び覚ましてくれます。たべると、野草の生命力が生きるちからをつくってくれます。都会にでかけると、生命力のあるたべものを探すのがたいへんです。スーパーマーケットで買ってくる、工場でできたたべものと、自然のなかで採れるものとは、たべもののなかにある生命力がちょっとちがうなと思えるんです。

わたしに、摘み草の料理を教えてくれたのは、いま、85歳になるセツローさんです。セツローさんは、つれあいのテッペイの父です。わたしとセツローさんは、好きなものが、とてもよく似ています。はさみと包丁が好き。そしてわたしもセツローさんも、牧野植物園が大好きです。ふたりで、牧野富太郎の生き方に共鳴してなんども足を運びました。ふたりとも牧野富太郎の植物への想いの深さが好きなんです。牧野富太郎の植物へのめりこんでゆく、もうすごい好きという、好きさ加減を尊敬しています。ものつくりや、ちくちくのしごとも、この牧野富太郎みたいな、熱中力、集中力、好きがだいじなのです。もうほんとうに好き、大好きなことが、ちくちくのしごとには、ひつようです。好きだと、苦労とか、たいへんとか思わないで、ひとりで自然にやってしまっているんです。

セツローさんも、絵を描いたり、粘土でちいさな仏さまをつくったり、トンボ玉のかんざしや、木のへらやスプーンをつくっています。こういうものつくりが好きで好きで、つい時間を忘れてつくってしまうんだそうです。85歳のいまも、絵を描いたり、展覧会をひらくものつくりの現役です。セツローさんは、つくり続けているすがたを、わたしたち、こどもたち、孫たちにも見せて、伝えているのです。たいせつなことは、何十年を生きるのではなくて、春の野草のように、いちにち、いちにちを暮らすことだと。

この
り地図
ちいさな畑
ブータン農場
そらまめ
お茶の木
玉ねぎ
虫やちょうにとびかかるたねこ
じゃがいも畑
菜の花畑
いちめんきいろ
たねこ
みつばち
おっかける
みつばちいっぱいとんでる
みかん
アーモンド
桃
くるみ
みかん
ブルーベリー
レモン
たねこのからだは
いつもたねだらけ
野生のびわ
まき小屋
犬のノイノイ
たねこはしらんぷり
いつもしっぽをふっているけど
ノイノイはたねこに
興味しんしん。
肥
BOX
レタス
らべやの
ふとん置き場
でねてる
たねこ
牧野植物園の
さくら
にわとり小屋
にわとり
の中
にわとりに
くんくんするが
からだが
でかくて
かなわない
バショウ
おうち
おなべのなかでねる
お蔵の2階
のいすのうえで
ねているたねこ

とがりねずみの死がい
もぐらの死がい
ちいさな果樹園
お茶
飼われていたねこが自然の中にとびだしたとたん、野生のたねこになった。
ざくろ
くり
くり
くり
ブルーベリー
でっかい野生のえのきにのぼってとりをとる
すもも
プルーン
すもも
桃
かりん
ハンバートハンバートの「妙なる調べ」をききながら
バショウ
びわ
かき
お茶
うめ
お茶
シークワサー
小梅
うめ
うめ
うめ
しいたけの原木
菜の花
ニラ
ぐいみ
まゆみ
うめ
もぐらさがし
あんず
日本みつばちの巣箱
けやき
仕事場の屋根
まきの窯にはねずみがいるのでいつもパトロールしている
あたたかいとまきの窯のうえでねている
まきわり小屋
お風呂
まきの窯
まき窯のまき
象のへや

清明のころ、谷相にうつくしい虹あらわる

たねこがやってきた

ある日、やえちゃんからの電話で、「こねこはいらん？」。テッペイにたずねると、ちいさいと母ねこのしつけができていないから、だめ！と言う。あわてて電話で、断ろうとすると、すでにやえちゃんは、こねこを抱っこして、娘さんの和代ちゃんと玄関に立っているではありませんか。見ると、耳としっぽと顔がグレーの、毛がふさふさしたかわいいこねこ。ちょうどしごと場やお蔵の2階にねずみが棲みついているので、ねこを飼おうと話していたところでした。ねこを飼うのは、はじめてです。いそうろうの三島くんがこねこは女の子だと言いました。それで、なまえはたねこ。

ねこ係はテッペイです。わたしはにわとり係と犬係です。テッペイはお水やごはんをきちんとあげるので、おなかがすくと、テッペイのところにいって鳴きます。たねこのしぐさが、かわいくて、みんながもうめろめろになってしまいました。ねこ好きじゃなかったのに、みなそろって、かわいいー！　からだがやわらかくて抱っこするだけで、なんだか癒やされます。わたしがしょんぼりしてると背中にのぼったり、しっぽでスカートにそっと触れてきます。そしてごろごろと、わたしのまわりをぐるぐるしながらことばを話してくるのです。わたしの目をじーっと見つめながら。目はわたしの好きな海の色です。珊瑚礁のある海、白い砂浜がひろがる遠浅の南の島の海の色。エメラルドグリーンです。うつくしいねこのたねこ。

ところがたねこはからだじゅうのみだらけ、おなかにはギョウ虫や回虫がいたので、ねこ係のテッペイが動物病院に連れてゆきました。おうちに帰ってくると、かごからでてきません。ちいさなからだが、注射やお薬にたえているのでしょうか？　薬には、「おのたね」と書いてあります（テッペイは、小野。わたしは、早川と別姓です）。病院からもどったテッペイはにやにやしています。「先生、たねこの避妊手術はいつごろがいいのでしょうか？って訊いたら、このこは男の子です。だってさー」と大笑い。家族中がおどろきました。そしてなんだかちょっぴり、がっかりしました。女の子だと思っていた、たねこは男の子だったのです。

たねこは、田ねことなまえをかえました。ときどき、田んぼにひとりでたたずんで空をながめています。田ねこは、山鳩、とがりねずみや、もぐらをつかまえては、野生をとりもどしています。チーチーと鳴く声が聞こえるので、よく見ると、とがりねずみのこどもがうちのなかを走りまわっています。あんまりかわいいのでつかまえて、おもわずスケッチしてしまいました。飼われた、田ねこが自然のなかでみるみる野生をとりもどすのに、感動します。わたしたち飼いならされた人間も自然のなかにじぶんを解放し、じょじょに野生をとりもどすんだなって思いました。田ねこ、見ていて。

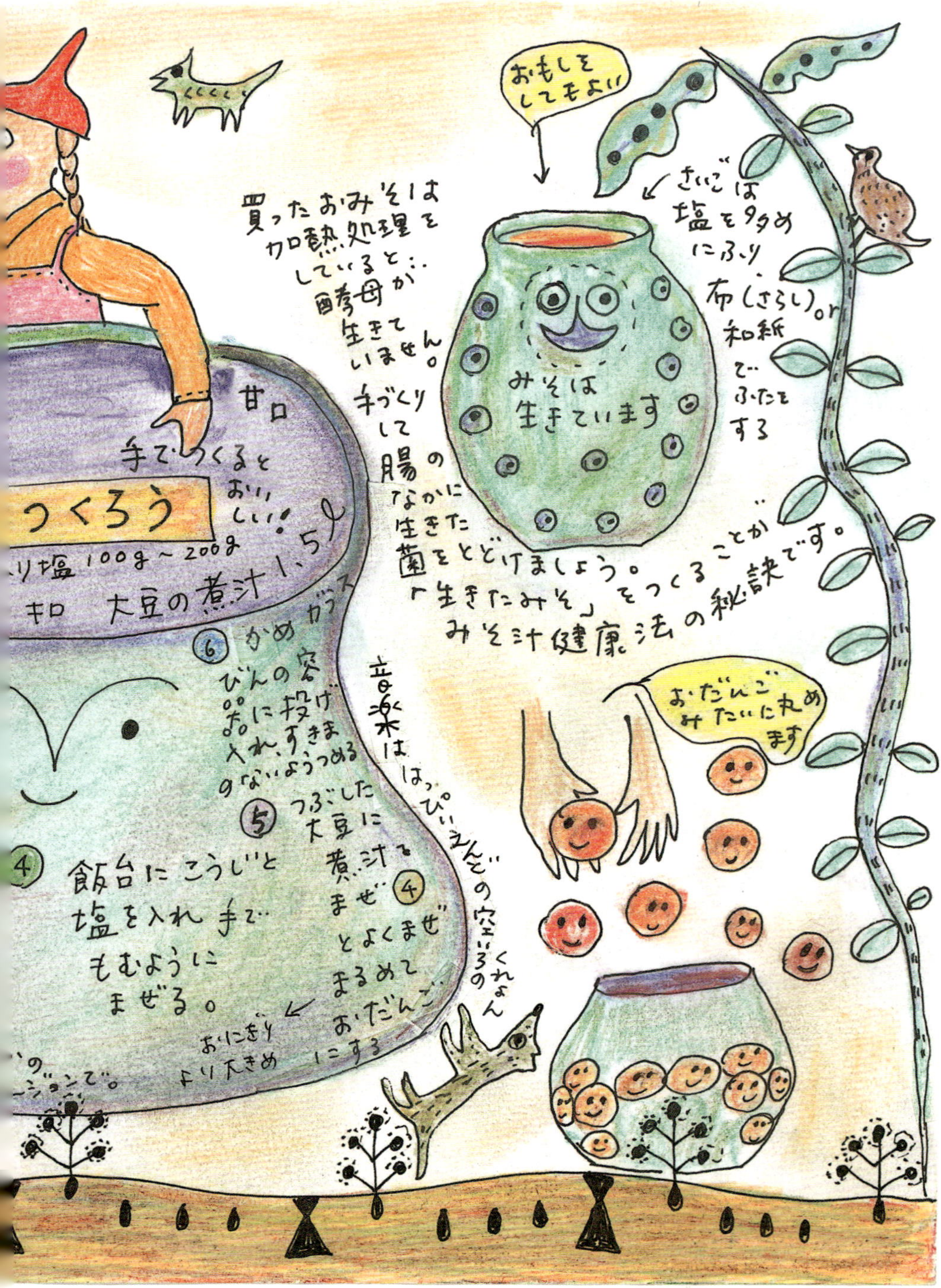
おもしをしてもよい
買ったおみそは加熱処理をしていると…酵母が生きていません。
手づくりして腸のなかに生きた菌をとどけましょう。
「生きたみそ」をつくることが…みそ汁健康法の秘訣です。
さいごは塩を多めにふり布(さらし)or和紙でふたをする
みそは生きています
甘口
手でつくるとおいしい!
つくろう
り塩100g～200g
キロ　大豆の煮汁1.5ℓ
⑥かめガラスびんの容器に投げ入れ、すきまのないようつめる
⑤つぶした大豆に煮汁をまぜ④とよくまぜまるめておだんごにする
④飯台にこうじと塩を入れ手でもむようにまぜる。
おにぎりより大きめ
音楽ははっぴいえんどの空いろのくれよん
おだんごみたいに丸めます
ージョンで。

さし水をしながら ゆっくりと 煮る
35°の焼酎で かめやガラス容器を消毒します
たべものの自給自足
ゆびでつぶれるくらい
やえちゃんの大豆 3キロ
みそを
米こうじ 5キロ
塩1.6
ふ
① 大豆を20時間たっぷりのお水でふやかす。お豆をこがさないようコトコト弱火で煮る
② 大豆が指でつまんだらすぐつぶれるくらいやわらかくなったら、ざるにあげて煮汁はとっておく
③ すり鉢とすりこぎで豆をつぶす。大量の場合はもちつき機
みそ
あたたかいうちにつぶすのが楽です

コブシ、シキビの花が咲いたら、じゃがいもを植える

谷相の弟子になる。たべものの自給自足、みそつくり

3月のはじめにみそをつくり、じゃがいもを植えました。じゃがいもは、わたしのような素人《しろうと》にもつくりやすく、おいしくて、保存がきくので、たくさん植えます。ことしは、インカのめざめ10kgの種芋を高知の前川種苗にたのみました。ほかにもアンデスレッド、シェリー、シンシア、出島、キタアカリ、ベニアカリ、男爵、メークイン。ちいさな耕耘機で耕し、にわとり小屋の鶏糞と、お風呂の灰を運んですきこみました。スーダラ農場という赤土の80坪くらいの畑のほとんどに、種じゃがいもを植えていきました。やえちゃんに訊くと「早く植えすぎると、霜にやられるよ」と。じゃがいもは植えどきがむつかしいと言います。谷相では、コブシやシキビの花が咲くころがいいと言われているのに、ちょっと早めに植えてしまいました。インカのめざめを早くたべたかったからです。

わたしの畑の師・やえちゃんに出会ったころ、キタアカリというじゃがいもを持ってきて、「このひとのめは赤いんじゃ」と言ったことばが忘れられません。じゃがいもをひとのように言うやえちゃんのことばにわたしは、はっとしました。それは、土を耕しているひとにしかわからないかもしれません。それから、わたしはやえちゃんの畑しご

とに信頼を寄せるようになりました。やえちゃんのつくる野菜は絶品です。野菜をつくるのにもひとがでます。味がちがうのです。春菊はサラダでナッツとあえて生でたべます。肉厚なほうれん草はほうれん草鍋で。素材そのものがおいしいと、あまり手をかけるひつようがなくなります。

わたしは畑しごとやたべものつくりを学ぶとき、谷相のひとから学びます。谷相の弟子になろうと思っています。そうすることで、ひとからひとへと、智慧が伝わり、つながることができるのです。こういうことが、いまの世の中では、なかなかたいせつな気がします。わたしもテッペイもちくちく布しごとや陶芸を、学校で勉強したのではなく、作家のもとへ弟子入りして、ひとから学びました。なので、いまでは若いお弟子たちとしごとをいっしょにしながら、ものつくりの神髄を伝えるのです。みんながいきいきと生きるためにものつくりをするのだと。

わたしの暮らしをつくってきたものは、畑つくりやみそつくりなど、谷相のひとびとから教わったことです。もともと昔から、ここ谷相ではたべものは買うものではなく、つくるものだったのです。お米、畑の野菜、しいたけ、おとうふやこんにゃくのつくり方、日本みつばちの飼い方。わたしは谷相の弟子になり、暮らしの智慧を学びます。都会に暮らしているとお金を稼ぐことが生きることだとみんな思ってるけど、谷相ではたべものをつくることが、すなわち生きることだということに気づいたのでした。

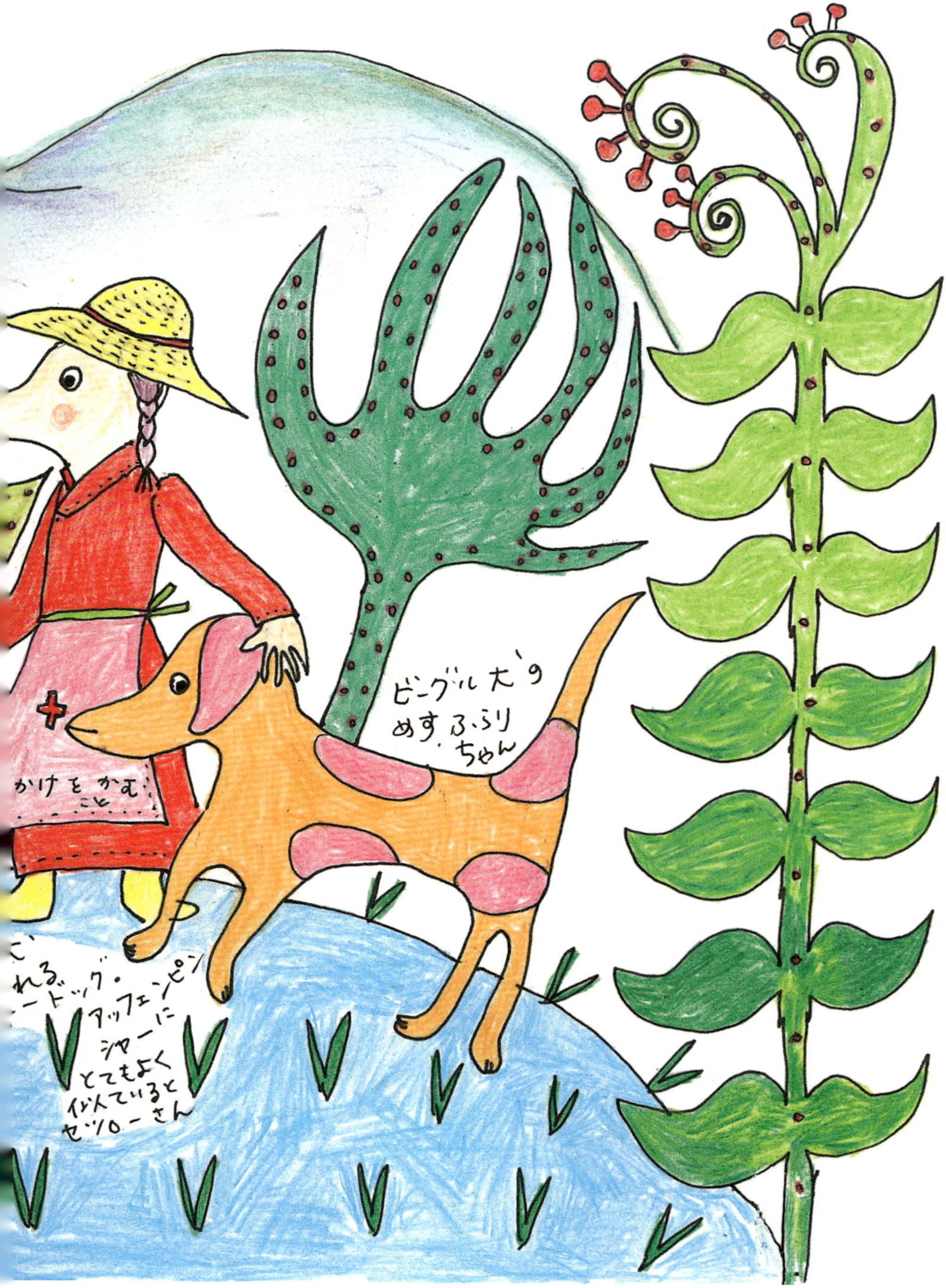
ビーグル犬の
めす ふりちゃん
かけを かむ
こと
に、
れる、
ードック・アッフェンピン
シャーに
とてもよく
似ていると
セツローさん

♫音楽は SUPER BUTTER DOG の
コミュニケーション・ブレイクダンス ♫
いぬのくせ
はわたしの
いぬは もぐらとり
ねずみとり犬とい

いねがいねの苗をかじる

立夏のころ落花生の種をまく

　ちょうど稲刈りのころにやってきた、ちいさな子犬のいねは、くるくる走りまわったり、飛びついたりします。黒くてもじゃもじゃの毛糸玉のようです。あんまり愛くるしいので、お弟子たちみんなに抱っこされ、かわいがられていました。冬にはしごと場や母屋のおうちのなかだけで、過ごしていました。

おうちのなかで飼っているのでお風呂に入れてやるのですが、ちいさいときから慣れていたせいか、いやがりません。むしろ、わたしが夜お風呂にひとりで行くと、きゅんきゅん鳴いて「つれていってくれ」とせがむのです。すでに眠りについているテッペイがうるさがるので、まいばん、しごと場のむこうのお風呂にいっしょに、連れてゆきました。

　春になると、どこからかふらりとやってきためすのビーグル犬が、いねのところにやってきました。その犬は捨て犬のようで、いねと仲よくじゃれあっています。村びとにごはんなどもらって、ふらりちゃんという名前もっけられました。さんぽのとちゅうにであうと、5mくらいうしろをずーっとついてきます。昼間いねがしごと場にいると、やってきます。夜は母屋のいねに会いにきます。

いねはうれしくて、ガラスの戸を前足で、つるつるあけられるようになりました。それで、ふらりちゃんのあとについていってしまうのです。春のさかりの季節だからでしょうか。ちいさないねは、おおきなふらりちゃんにまるで誘惑されているようでした。テッペイは「なんてやつだ。まだ、幼いうちの子にけしからん」とぷんぷんしています。わたしがふらりちゃんにやさしくして手なづけようとしたり、うちで飼おうと言ったりすると、すごいけんまくで、ふらりちゃんをあっちへ追い払ってしまいました。

するとふらりちゃんは、テッペイの薪窯や、お風呂場のテッペイのTシャツのうえで、うんちをしたのです。テッペイはますます怒ってしまいました。それなのに、いねはふらりちゃんのことが大好きで、きゅうーきゅうーと鼻で恋しがっています。

そのころ村ではふらりちゃんが、みんなのところで、悪さをすると問題になっていました。つかまえて飼う人を捜そうと、みとしさんがお世話をしていました。ある晩のこと、お風呂に行くとちゅう、ふらりちゃんの姿が見えると、いねは、まっくらななかへぴゅーっと飛びだして行ってしまいました。捜しても、どこにもいません。朝方ようやく見つかりうちにもどってきました。どうやら田んぼをふらりちゃんと走りまわっていたらしく、からだじゅう泥んこです。

英男さんが「田んぼのあぜにおいてあった稲の苗がばらばらにかじられていた!」とやってきました。いねとふらりちゃんが興奮して、あぜを走りまわったときに、かじったのでしょう。すぐ英男さんのところに謝りにゆきました。その後ふらりちゃんはみとしさんのお世話で物部村の猟師さんにもらわれていったそうです。わたしもいねも、その話を聞いてむねがきゅーんと寂しくなりました。

村のみんながふらりちゃんのことを心配して、まるで村の犬のようになっていました。タイなど仏教国に行くと村や寺院でみんなに飼われる捨て犬は、よくあることです。

*子犬のいねとのであいのくだりは、P66へ

種まきびとのおしごと暦 なつ

立夏［りっか］五月六日頃

立夏とは、じょじょに夏の気配が感じられるようになるころのこと。太陽のひかりが強まり、さわやかな風のある五月晴れ、夏のはじまり。山の藤がうつくしいころ。

そらまめやじゃがいもを収穫します。山ぶきを煮ます。とうもろこし、落花生の種まきをします。さくらんぼの収穫をしてコンポートをつくります。

小満［しょうまん］五月二十一日頃

小満とは、いのちの陽気がいっぱいに満ち満ちて、草木が生長し、生きものぜんたいが、かがやくほど、いきいきとする季節。お茶の葉を収穫して紅茶や山茶をつくります。らっきょう漬けをつくります。

びわの実がとれはじめます。びわ酒をつけます。たまねぎとにんにくの収穫をします。

芒種［ぼうしゅ］六月六日頃

芒種とは、「芒《しのぎ》」のある穀物、稲や麦などの、穂のある植物の種まきのころのこと。

梅雨入りのころ。青梅を収穫して、焼酎で、梅酒をつくります。

あんずを収穫してジャムをつくります。さつまいもの苗を植えます。

夏至［げし］六月二十一日頃

夏至とは、いちねんでいちばん日が長く、夜が短い日のこと。これから、どんどん暑くなるころのこと。梅干し用の黄色い梅を収穫します。梅干し、梅ジュースをつくります。すももの収穫。ねむの花が咲いたら秋大豆を植えます。

小暑［しょうしょ］七月七日頃

小暑とは、梅雨があけ、夏の暑さが強まるころのこと。夕暮れどき、群青色が棚田にひろがり、うつくしくて息をのむほどです。谷相では夕方、ひぐらしが鳴きはじめます。あずきを植えます。梅雨明けには梅を干します。

大暑［たいしょ］七月二十三日頃

大暑とは、最も暑い真夏のころのこと。ほんとうの夏がやってきて、きびしい暑さになるころ。日本みつばちのはちみつ採りをします。はちみつの瓶詰め、みつろうをとって、蜜蝋ワックスをつくります。ブルーベリーの収穫とジャムつくりがまいにち続きます。夜は、蚊帳をつり、窓を開け放って眠ります。さといもの土寄せをします。茶豆をまきます。

果実のおくりもの
ちいさな果樹園からの

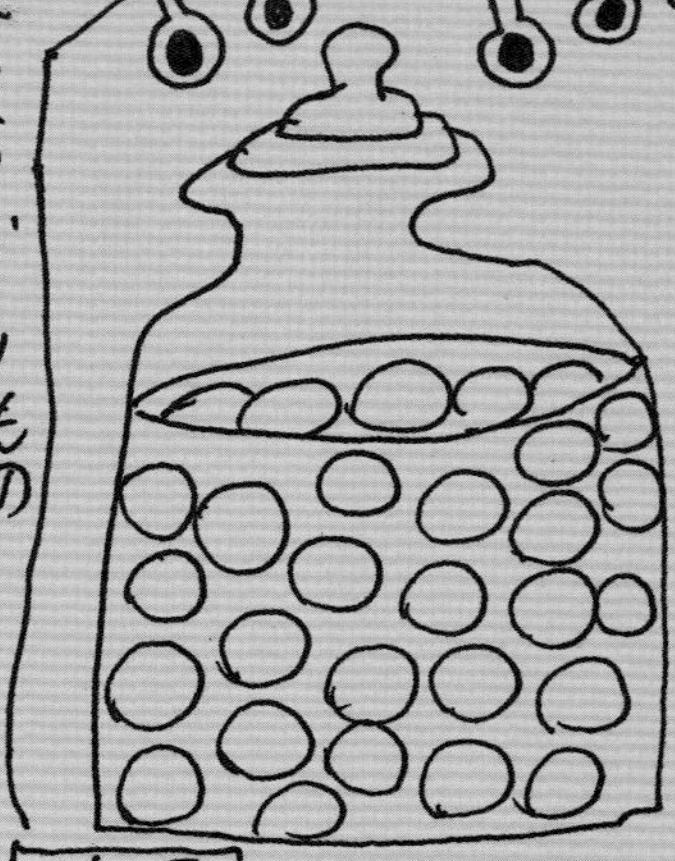

梅酒

青い梅を洗い水につけてアク抜きします。ヘタをとりビンに氷ざとうと交互に入れて焼酎(35度)を入れます。

梅シロップ

梅5kgをヘタをとりさとうと交互にいれて、すっかり(3〜4kg)梅がつかるようにします。さとうがとけてきたらビンをゆすって全体がつかるようにします。2.3ヶ月したら梅をとりだし、煮てビンづめします。

らっきょう漬け

らっきょう1kg　酢3カップ
水3/4カップ
三温糖1.5カップ
塩小さじ2
赤とうがらし3本

らっきょうを洗ってかわかし、塩しておいてから、上記を煮てさましつけこみます。
らっきょうは血液をさらさらにしてつかれをとってくれます。

果樹を植えよう

あんずジャム

あんずをふたつにわって種をだしさとうにまぶして1時間くらいおきます。

しるがでてきます。煮てどろどろになったらできあがり

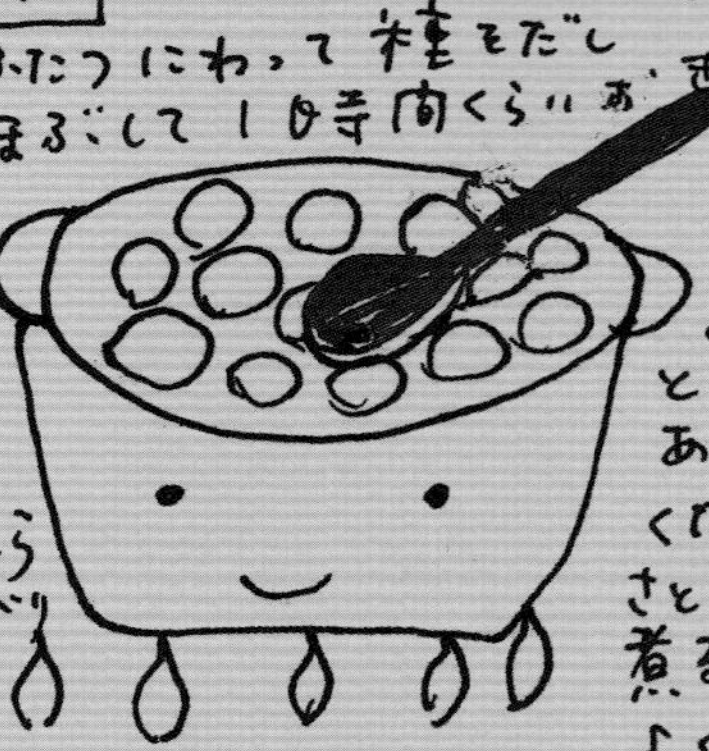

昔、谷相をあんずの里にしようというので、あんずが2本ずつくばられたそうです!
さとうにまぶしてから煮ると香りがよくおいしいです。

本で
す。

♫音楽は
インドネシアの
RINPIK
というアルバム
♫

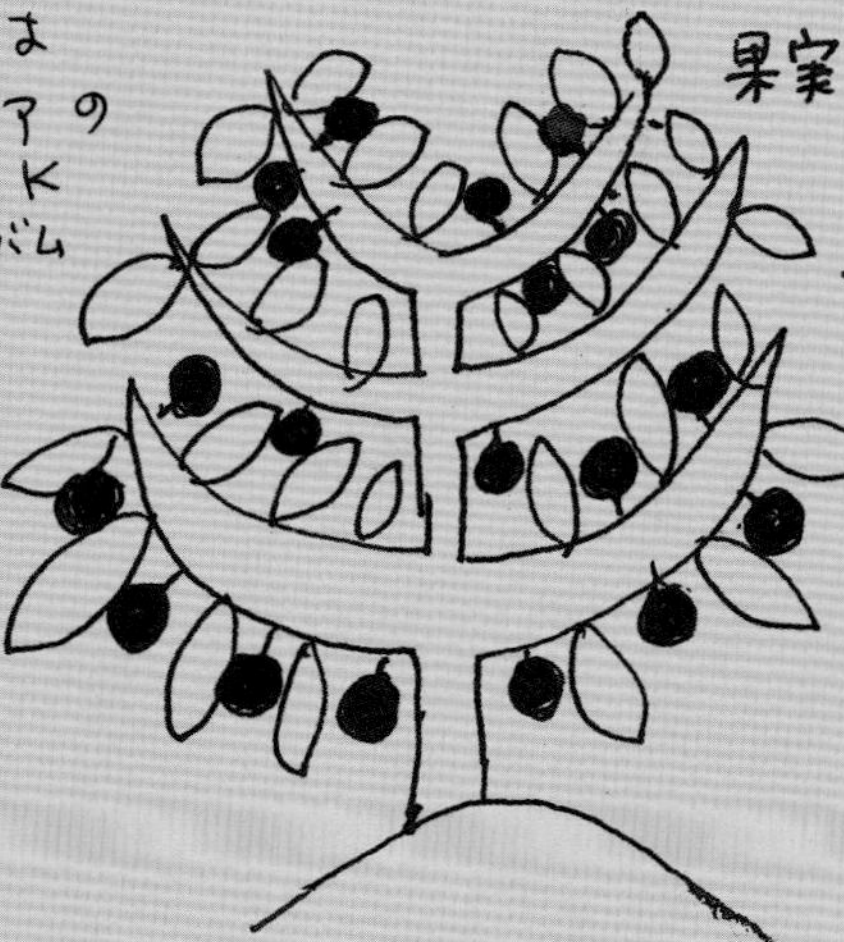

果実を木からもいで食べるのは
うまい！「買う」文明には
ない、わくわく、どきどきな
感じは　わたしたちの
遺伝子の中
にある祖先
の記憶なの
かもしれない。

ちいさな果樹園の図

10年くらい前から
植えた果実の
苗がどんどん
育っています。
花は日本みつばちの
蜜源になります。
日本みつばちのおかげで
実成りもよくなります。

カメいっぱい
つくって→
のこった昨年
の梅で
梅びしお
をつくり
ます。
ナベや
フライにつけ
てたべます。

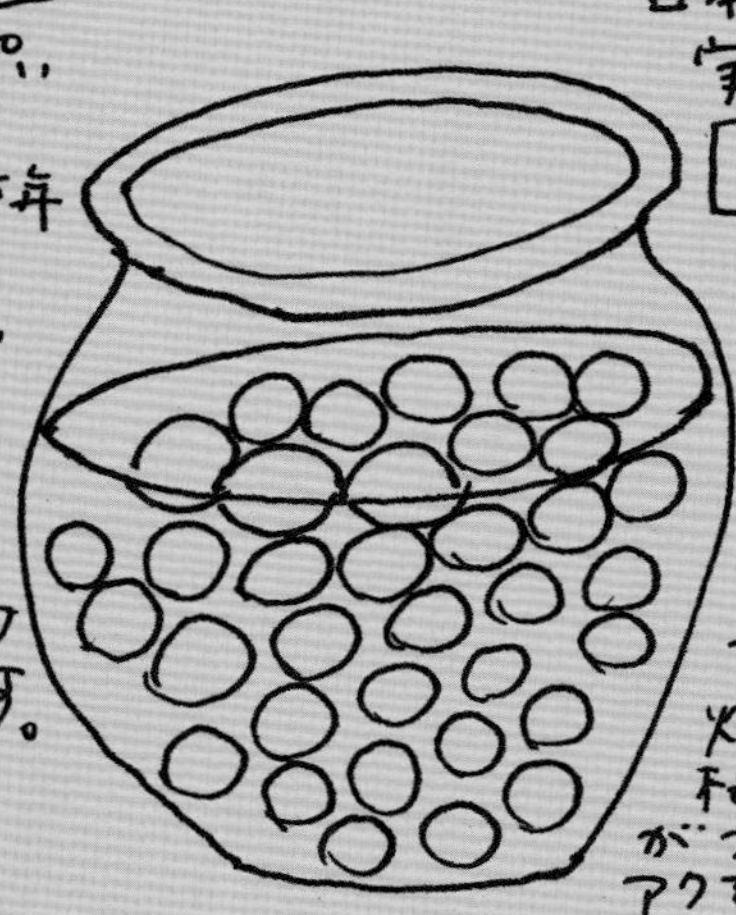

梅干し

黄色く熟れた梅を
木からもいでおきます。
梅5キロに塩750g
ヘタに塩をまぶして
（ヘタをとり）塩と
梅を交互につけます。さいごに
焼酎2カップをふーり入れます。
梅酢があがってきたらカメをゆすって全
がつかるようにします。赤ジソを塩でよくもんでアク
アクをしぼってすててビンの中に入れる。晴れたら

芒種にはおとうふをつくるために大豆をまこう

ちいさな果樹園からうれしい果実のおくりもの

6月はちいさな果樹園に梅やあんずやプルーンやすももや千代姫という桃がつぎつぎとなる季節。梅雨のあいまにらっきょう漬けや梅しごとにおわれます。ここ谷相にきたころ西村富士子さんに誘われて、こどもとはじめて梅の木にのぼって梅をもぎ、梅干しや梅ジュースをつけました。それまでは梅を買っていましたが。それはそれはわくわくこころ躍ることでした。買うのとちがって木からもぐのは動物になったみたいに楽しいしごとです。まずはしごで木にのぼって、動物のようによーく目をこらして見ていると、梅の実が見えてきます。よーく見ないと葉っぱとおなじ色をしているので、見過ごしてしまいます。木になっている梅は、うっすらとうぶ毛がはえていて、すきとおっているようなみどりです。このみどりの梅が梅酒になります。梅干しや梅ジュースには黄色く熟れたのがおいしいです。また、このころ果樹園のあちらこちらにおいてある巣箱のみつばちの分蜂が6月20日ごろにおわるので、巣箱に蜜をぬりにまわります。みつばちも花粉を運んで実なりを助けてくれるからです。

この谷相に引っ越してきてわたしのちくちくとテッペイの焼きもののしごと場をつくりました。そしてうしろの棚田に植わっている杉を、きこりの晴一さんに切ってもらってそのあとに果樹の苗木を植えたのが、もう13年ほどまえのこと。苗木がおおきくなるまで水やりしたり竹を切ったり下草を刈ったり、お世話がたいへんでした。やがて樹々は、するするとおおきくなってどんどん実がなります。夢見ていた果樹園がやっとできあがりました。

わたしはいちにちのおわりに、薪で焚くお風呂につかって、わたしのいちばんうれしかったことはなにかなと思い巡らすのが好きです。こどもを産んだことがいちばんめ。にばんめはちくちくのしごとにであったこと。さんばんめが木を植える土地を手に入れたことです。じぶんの土地に木を植えることが夢でした。植物とともに暮らすことは、その樹々がおおきくなるのを夢見つつ、わたしの時間と植物の時間をかさねることです。「子育ては木といっしょ。こどもはおおきくなってなにかかえしてくれるよ」と、いつも手織り布を買うタイ人のお店のひとが教えてくれました。樹々もまた10年もたつと実り、わたしたちに果実のおくりものをかえしてくれるのです。うちのこどもたちも、象平は畑を耕してくれたり草刈りをしたり、鯛はみつばちのはちみつ採りを手伝ってくれます。この10年、うちのこどもたちも木であるかのようにおおきくなりました。わたしにとって、こどもたちと木と、どちらも育てるしごとです。

♬音楽はフィッシュマンズのひこうき♬

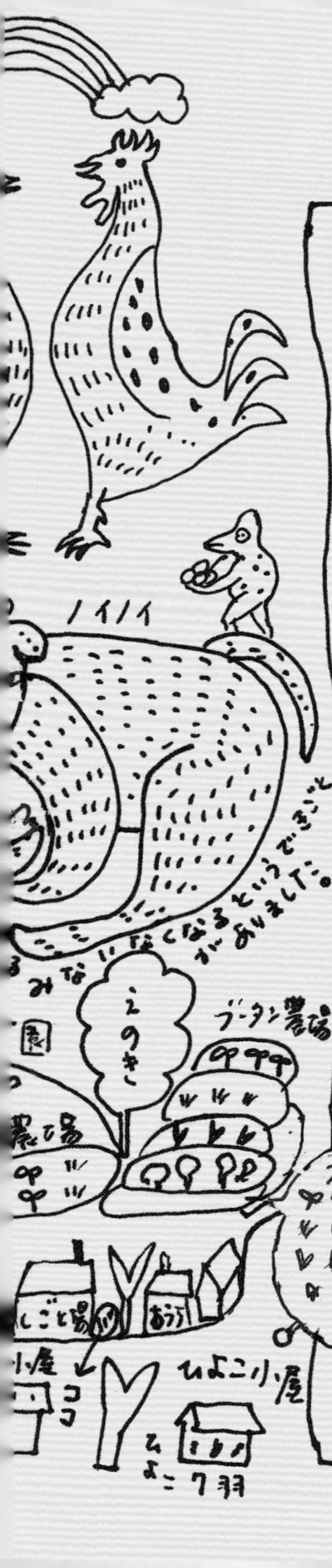

おいしいたまごが欲しかったら、にわとりを飼いましょう。家族の人数分毎日とれると、うれしいです。たまごのからにはクチクラ層というサルモネラ菌など細菌を入りにくくする層があるので、洗わないようにします。（たべる前によく洗う）

みどりの葉っぱをたくさんあげておいしいたまごをもらいます。たまごやきの黄色がちがいます。

とりのお肉の自給自足

① 飼っていたとりがたまごをうまなくなったら、つぶしてたべます。とりをさかさまにつるして、まず左手でとりの首を目をおおうようにして持ち、右手でとりの首の動脈を切ります。（首の骨をうしろに骨折させる方法もある）5分ほど血をぬきます。

② かまどでお湯をたいて、80℃くらいのふっとうしないお湯にからだ全体をざぶんとつけます

③ はねをむしる。すぽすぽとぬける

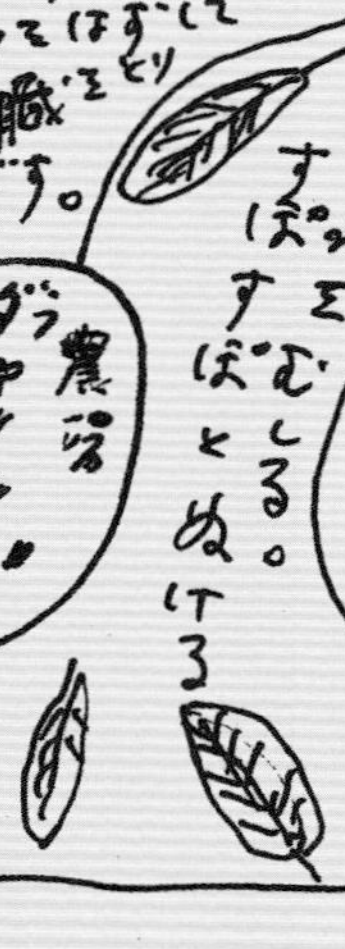

④ 頭と足を切りおとし足のつけ根の関節をはずしもも肉をとる肩の関節にほうちょうを入れ、手羽元・ささみをとりむねのV字の骨をはずして内臓をとりだす。

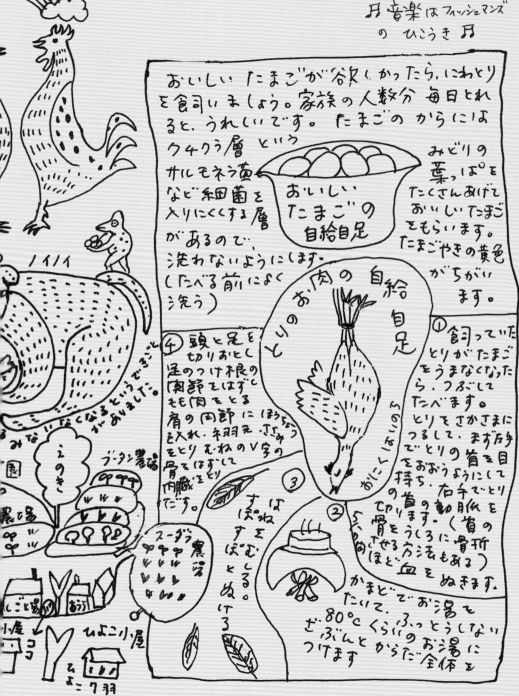

にわとりの飼いかた

わたしの暮らしの循環はにわとりとともにです。わが家の食べたものの皮、残したものを食べてくれて、ウンチは畑へ。谷相暮らしのエコの基本の循環は、気もちいいのもとです。おす1羽にめす5〜8羽でひと家族です。古米お水と雑草、台所からでる生ゴミや食べ残し、ぬか、ときどきにわとり用エサをあげます。以前は庭で放し飼いでしたが、どこかにたまごをかくして産むので、今は小屋をつくっています。東天紅はコケコッコ〜と長く鳴く声がすてきでした。毎朝フトンの中で声をきくと、こころがやすらかになります。

母どりはひよこを背中にのせる。羽根の下にかくしたりします。愛らしい。

陶器の水やり

里いもの皮

いのちをいただくものについて考えさせられます。

カキガラ

こんぶ

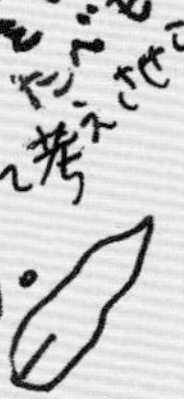

すきなたべもの

ピーマンのたね

すいかの白いところ

とうもろこしの芯に残った胚芽

りんごの芯

かぼちゃ

雑草はこべ

こめつぶ

にわとりとわたし

夏至には梅干しと梅ジュースつくり

夏至のころ、やえちゃんにひよこ7羽をもらい、邦弘さんに黄色いひよこの小屋をもらいました。冬のあいだに、つぎつぎとなにものかににわとりがおそわれたのです。たべられて首なし死体になったり、からだごと連れだされたりしたので、7羽がとうとうおんどり1羽になってしまいました。田島豊太郎さんに聞くと豊太郎さんのにわとりもたべられたそう。にわとりをたべたのは、いたちやたぬきやきつねなど森に暮らす野生の生きものだと言います。

おんどり1羽になってえさをやるたびに、悲しくなりました。にわとりのためにお芋の皮やピーマンの種をとっておいてあげると、うれしそうにくくくっと鳴いておんどりがえさのありかをめんどりに知らせるのですが、いまはもうだれもいないのです。

23歳ころからわたしは、にわとりを飼いはじめました。名古屋コーチン、東天紅《とうてんこう》、地どりと、わたしの暮らしとともにいろいろな種類を飼い続けてきました。もうにわとりのいない生活は考えられません。わたしたちのたべのこしや野菜くずをあげて、にわとりの卵や肉をいただくのです。卵は黄身がぷりぷりしていて黄色くておいしいのです。みんながわたしの玉子焼きをおいしいと言います。そのおいしさは卵のおかげです。おんどりがたくさん生まれると、こんどはそのお肉をいただきます。地どりをたべるとスーパーで買ってくる肉は水っぽく味がうすく感じます。お肉をたべると、いのちをいただいているのだとわかります。スーパーマーケットで買ってくると、いのちのお肉だとはわかりません。が、おうちで飼っているにわとりをたべると、手羽2本、ささみ2本、もも肉2枚、砂肝1個、心臓1個、レバー1個しか取れないってことに気づきます。こどもたちはスーパーの6本はいったパックの手羽を見ると、「これは3羽分だね」と言うので、ふふっと笑ってしまいます。

にわとりの子育てには感動します。親鳥が卵をくるくるくちばしでまわしながら、飲まずくわずで、21日間あたためます。わたしが卵をとりだそうとすると、すごいけんまくで、ふーっと羽をふくらまし怒り、ぐるぐるいってつつきます。卵からひよこがかえると、えさをたべさせ、粉を吹いたようによれよれの親鳥は、ちかづくとさっとひよこを羽のしたに隠します。そのようすが、なにか子育ての神髄のような気がするのです。だれかに教わらなくとも、人間みたいにラマーズ法のお産を習わなくても、ひなを本能的に安全に守り、えさを見つけて育てるのを見ていると、あたまで子育てしているわたしたち人間とはちがい、からだで子育てしている感じがいいなあと、にわとりの子育てから多くのことを学んだのです。

style

のつくりかた

ひもんぺ

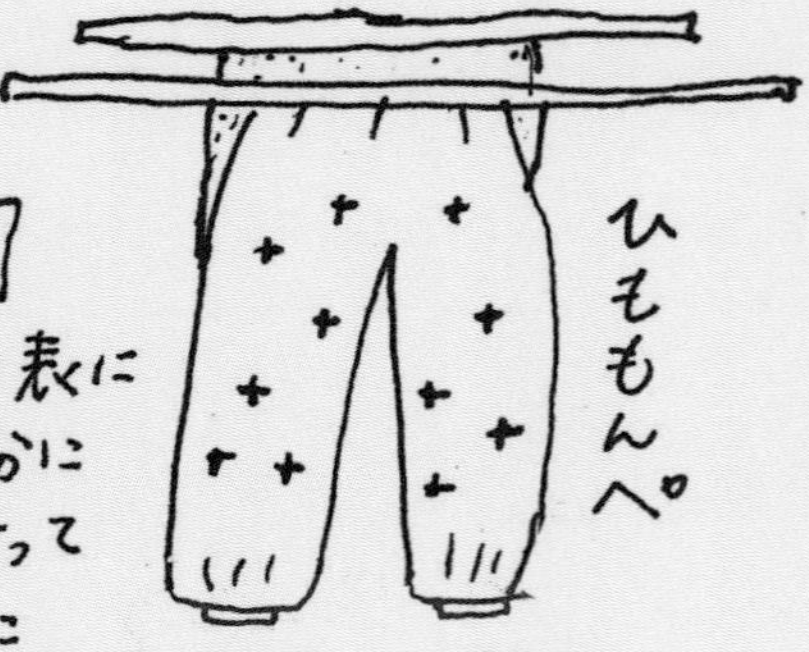

③ また上を縫う

中表に半分に折って
わになっているところを1cm縫い
A点の角は直角にして
2回重ねて縫います。
表からステッチをかけます

音楽はタイのカラワン楽団の「雨を待つ稲」をききながら

④ まちをつける

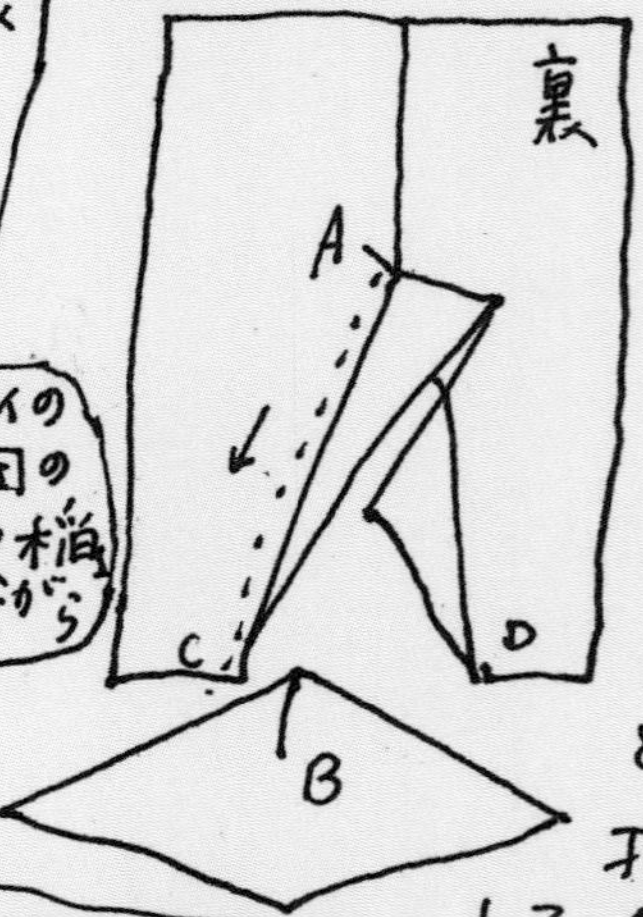

また下Aとまち B をまち針でとめてまちを1cm多くだしてAからCへ縫います。AからDへと縫って折りふせ縫いして、縫いしろをくるりとまきます。同じようにもう1枚を。

太陽のひかりをあびて畑を耕し、素手で土や草にふれると自然のなかからなにかわきでるようなちからがつたわります。畑にたねをまくと、元気になります。谷相では、80代90代の方々が種まきびとの師です。わたしは谷相の弟子になって学んでいます。

⑤ わきを縫う

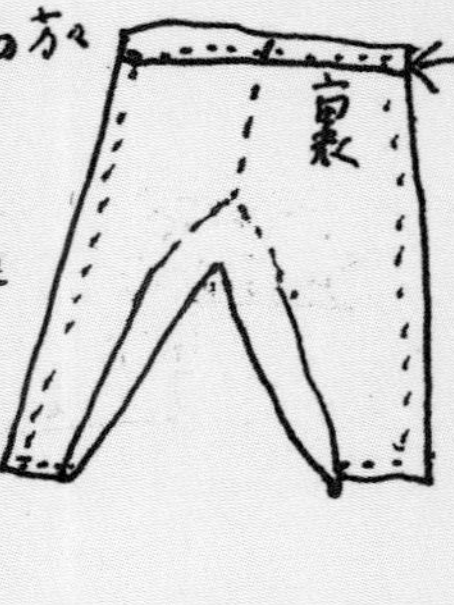

わきを折りふせ縫いします。
すそを3つ折りし、ウエストを3つ折りゴムを通すところを縫い、ゴムをとおしてできあがり。

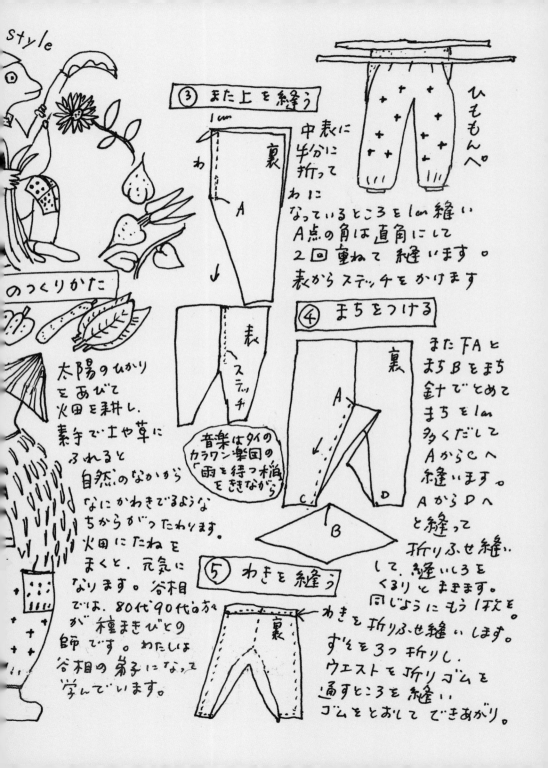

畑もんぺ　ちくちくもんぺ

① 布を断つ

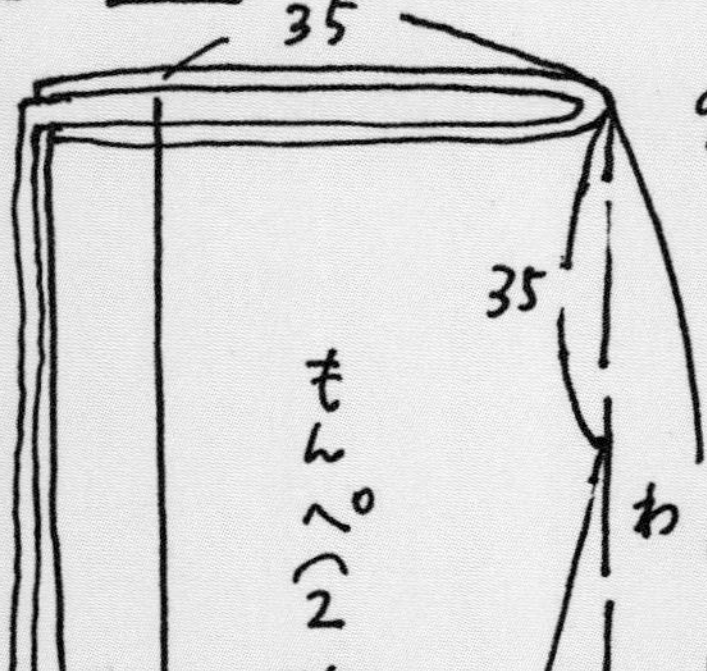

90cm幅の布(180cm~2m)を4つ折りします。

着ものの布を使う場合は4枚にしてまちをはぎ合わせます。

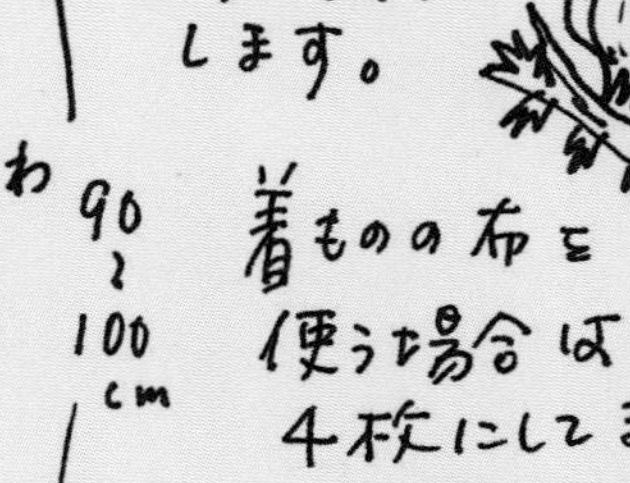

②

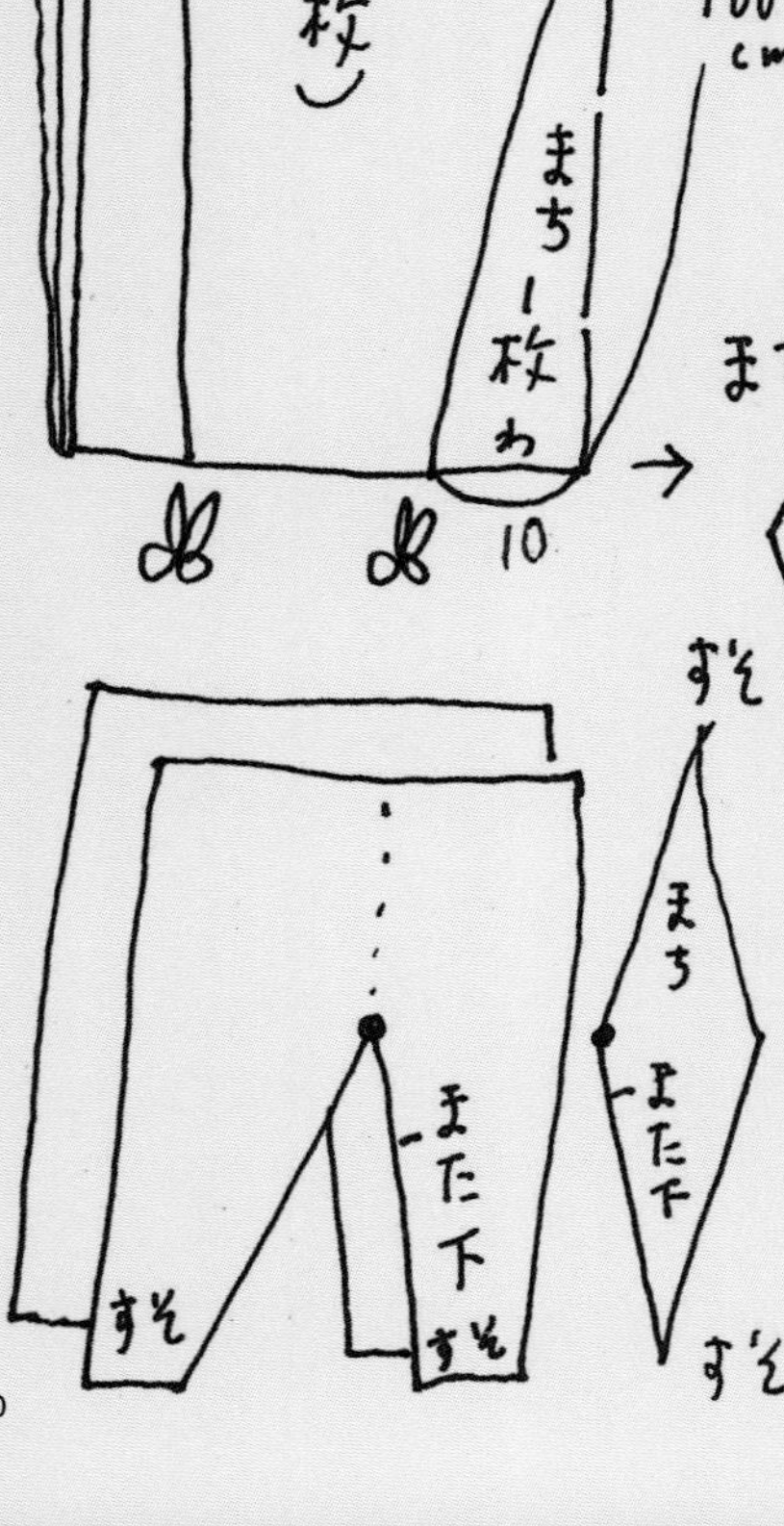

布を切るとこうなります
もんぺ本体が2枚と
まち1枚

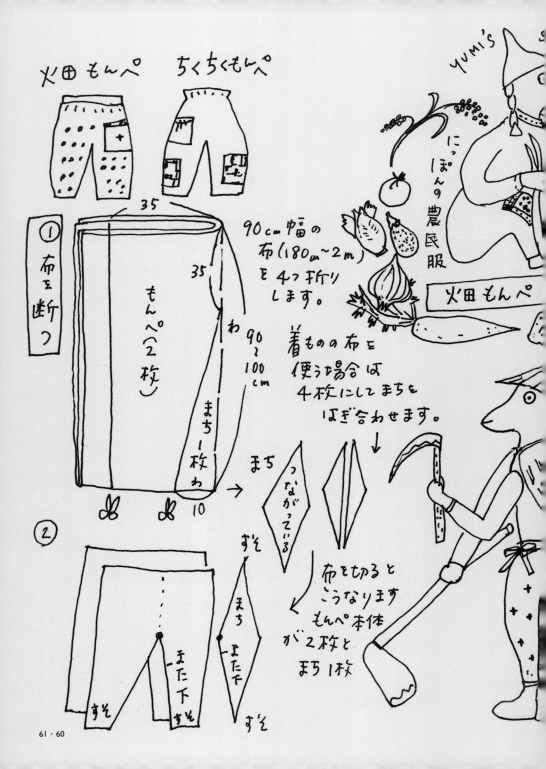

小暑にはくずの根っこきり

畑もんぺをつくろう

山の暮らし、ここ谷相が水の惑星だと感じる瞬間、梅雨どきです。まいにち谷相がすっぽり雲のなか。気もちよく暮らすために、見えるところに芭蕉《ばしょう》を植えたり、雨を楽しむためにおおきなかめに土とお水をたっぷりいれてレンコンを育てたりします。蓮《はす》の葉っぱのうえをころころ雨水がころがるようすが、かわいくて見つめてしまいます。梅雨の畑しごとは草取りにあけくれます。雨の日ここ谷相でもベトナムの農民のようなすげ笠と茅《かや》でつくった蓑《みの》を着て、くわを持ったひとを見かけます。かっこいいなあと、うれしくなってしまいます。まるでひと昔まえの農村の風景のようで、微笑んでしまいます。

そんな梅雨どきには、さらさらとした布で、畑にでかけるのが楽しみになる、畑もんぺをつくります。もんぺはにっぽんの農民服です。つくりはじめたのは、畑を耕すおばあさんのもんぺを見せてもらったことがきっかけでした。おばあさんは、ぬいで見せてくださったのです。すると、したにもう1枚はいていて、汚れたら、ぬぐんだそうです。そのおばあさんのもんぺは、ひももんぺでした。うしろのひもをほどくと、おしりがでて田んぼのすみで、おしっこができるのです。昔の畑しごとはおおらかだったのです。

わたしのこどものころは、着るものは母がすべて手づくりしてくれました。パンツやシミーズ、ブラウスやスカートやワンピース、体操着、冬のコートや手ぶくろと帽子まで。ほんの40、50年まえまでは、衣服は家庭のなかで、家族のためにつくられていたのです。たべものもそうですが、だれかがだれかのためにつくったものと、そうでないものとは、ちがいます。着るものに、気もちがこめられています。いまも母のつくった衣服の感触をわたしの皮膚が覚えていてむねがきゅーっとなるほどです。まるで母のつくった衣服にいのちが宿っているように感じるのです。かつてのにっぽんには、じぶんたちのものはじぶんでつくる、手しごとのある簡素な暮らしがありました。わたしたちの手は、つくる手にもなれるのです。

　手しごとをちくちくしていると、瞑想しているようなこころもちでゆたかに感じます。わたしのからだの野生が、ものをつくりたいのです。わたしたちはいま、手を使ってなにかを生みだしているでしょうか？お金をだせば簡単になんでも買えます。けれどもこころがゆさぶられるような、気もちのいい衣服がありません。わたしはじぶんの衣服をつくりはじめました。母がそうしたように。手でものをつくることは、本来わたししたち人間の原初の手の働きでもあります。わたしのいのちをつつむ、1枚のもんぺをじぶんの手でつくると、わたしの暮らしそのものが、愛《いと》おしむものになります。そう、暮らしを紡ぐことは、手でみずからの暮らしにひつようなものをつくることなのでしょう。

まほうびん つかおう！
スタンレー小
スタンレー中
スタンレー大
電気ポットをやめて まほうびんにお湯を わかして1日中 お茶をのみます。次の日までさめない すぐれもの
日本中で 電気ポットを やめて まほうびん にすると 原発3基 ぶんの省 エネになるそう！
NO NUKES
音楽は ハナレグミの 日々のあわ
ゆみたんぽ
♪かわらないことを なげくのではない かわれたことを ほめたいんだ♪ うれしい気もちになる 音楽
「朝だよー」とテッペイさんのコーヒーをいただく
いちにち
老子法 足首をつかんで うしろにたおす
丹田呼吸法 三呼一吸
コーヒーミル
天然うなぎ
あさごはん
自家製豆乳ヨーグルト
日本みつばちのはちみつ
うめぼし
畑へ さつまいも掘りのあと ごぬいね うねたてして さやえんどうの種まき
りえちゃん
まほちゃん
NO NUKES
ねこのたね
畑の土になる
黒いもの蒸したの
の煮びし
おうちとしごと場のそうじ
ちくちくぞうきん
ぞうきんがけすると気もちいい
ごはんのしたく

す。

よるごはん
マックブックで原稿をか
「まきでたいたお風呂」
腐る経済を読みながら半身浴
いね2ヶ月のくろい犬
ねむる
くさーい
かきしぶ染めをりえちゃんにおしえる
まほちゃん
わたしの
梅酒
おひるごはんはみんなにも手伝ってもらってつくります。
3じのおやつ
てづくりの米粉パンケーキとくりクリーム
と
ミシンといったいになる
ミシンで日本の農耕服もんぺをぬう
大根ぬき
大豆ミートのからあげ
日本みつばちの巣箱のお世話
柿をもぐ
かきの木になる
布を切る。ちいさな布をはぎあわせてテープをつくる。布は絵の具。
床をふきそうじしてパッカマー（タイ布）をしいていただき

大暑には茶豆をまく

犬のいね、あたらしいお弟子たち、谷相にやってくる

「山のてっぺん谷相に暮らすには、いのししに畑をあらされないよう、犬がいるといいのだよね」と、中内先生の丹田呼吸法の会で話したら、みちこさんが「ちょうどうちに子犬がおるがよ。もろうてくれん?」と言うので、もらうことに。子犬の里親を探して8匹もお世話をしているそうです。そのなかの、男の子の黒いちいさな子をもらうことになりました。あたらしい犬の名はいね。いねのしごとはいのしし退治。ぴょんぴょん跳びはねて、元気いっぱいです。ねこのたねこは、ちょっと当惑して、ときどきわたしのひざのうえにやってきます。まるで、弟におかあさんをとられてやきもちをやいている兄のようです。すこし前のわが家みたい。

おなじころ、東京から28歳のまほちゃんと23歳のりえちゃんという女の子が、わたしのしごとに興味をもって、手伝いたいとやってきました。ふたりで一軒家を借りられたので、そこに住みながら、まいにち通ってきてくれます。若い子たちが、わたしのちくちくしごとや、畑のある暮らしにあこがれて、きてくれるのは、うれしいことですが、あこがれだけでは続きません。なかには1年続かずやめていく方もいます。なので谷相に移住するまえに、じっくり、むかいあって、なにをめざしてやっていきたいのかを話

し合いました。ふたりともが、布作家をめざしたいというのです。

「どうしたら、布作家になれるんですか？」とよく訊かれます。わたしは若いころ伝統工芸の染織家のもとで2年半。現代美術作家の庄司達さんのもとで1年。お手伝いをさせてもらいながら学びました。美術を学校ではなく、ひとから学んだのです（その方たちには、なにもおかえしできませんが、いまつぎの世代をお世話することで、おかえしできればと思います）。その後、アジアのくにぐにへと旅をして、山岳民族の手紡ぎ手織り、藍染めや黒檀染めの骨太な布たちにであいました。そして家族の衣服の自給をするうちに、じょじょに展覧会をひらき、しごとになってきました。ものつくりをしながら、じぶんのしごとをつくってきたのです。

わたしはなぜものつくりをして表現しているのだろう。子犬のいねは犬のいのちをまっとうするだけです。けれども人間は、こうなりたい、ああなりたいと、夢をもって生きています。ただただ、たゆたゆと、畑を耕し、ごはんをたべていくだけでは、満足できないのです。若い子たちと話すうちに、こんどはわたしが問われます。好きなちくちくのしごとで、社会とつながり、生きるよろこびや希望のひかりを灯すことがしたい。ひとびとのたましいをゆさぶり、解放するためのアートのしごとをしたいのだと気づきました。きっとここ谷相の、土、水、森、空気。場のちからが、わたしのつくるもの、描く絵、綴る本のしごとの素種《もとだね》になっているのです。この場のちからを、お弟子たちと共有できれば、わたしはうれしいのです。

うつくしい かんたろうミミズ
シーボルトミミズ
柿渋染め
と
バケツ
洗った布にハケでぬって染めます。
2回くらいぬりかさねます。
OR
バケツに柿渋液を入れてひたして染めます。2、3度干したり染めたりくり返す。
太陽に干して、柿渋の色がどんどん濃くなったらできあがり
ザルにもぬる
衣服の自給自足3
Jaajaのさなぎのスープをききながら
KES
渋のつくり方
のお水をくみます。
道のお水は塩素がはいっているのでダメ!)
すりばちで青柿をつぶします。
④ 井戸水+青柿のつぶしたもの つぼに入れて紙でふたをします。密封しない。
⑤1週間おき発酵させます。
布のふくろに入れてしぼり、びんにつめます。できあがり!

かんの虫 いろいろ
むかでオイル＋ドクダミの焼酎漬け
わが家の虫のお薬
インドネシアのさらさ布 ムカデ柄あり。
ナナフシ
運転中のわたしの頭にのったナナフシ
虫と暮らす
体は黒と黄色
7・8センチ
フクラスズメの幼虫
足と頭はオレンヂ色
苧麻のはっぱがゆらゆらゆれていたら注意！
永野の岩崎さんのおばあさんに
おしょうゆつくりを習いにいったとき、
柿渋をつくるのも おそわりました。
まず、柿渋を
おしょうゆつくる道具に
ぬります。 すると うるしのような、色つや。
消毒、殺菌になるんだそうです。
① まず夏の青柿、豆柿を
とります。
とびちった液がもう染まる！
でかクモ
ヤスデ
柿シ
② 井
(水
が
③ 石うす
ごんごん

処暑には草刈りのまいにち

虫除けの柿渋染めの衣服で、虫とともに暮らす

夏の谷相は、ちょっと涼しくて高原のようにさわやかな風が谷をとおりぬけます。赤くて野生的なヒメヒオウギズイセン、大好きなネムノキが満開です。もうすぐあまい香りのタカサゴユリが、わたしのほうをいっせいに見て、さんぽの道に咲きほこります。夏の青柿をとって柿渋をつくります。布を柿渋で染めて、にっぽんの農民服もんぺを縫います。柿渋染めは虫除けになります。谷相の夜には蚊もホタルも飛びかいます。眠るころ、蚊帳《かや》のおへやに2匹のホタルがふあふあと、あかりを灯して飛んでいるのは、幻想的です。

都会とちがって、谷相のぐるりは自然にかこまれています。ぐるりを見まわすと、わたしたちのまわりの自然はじつにゆたかです。花はいいけど、手ごわい虫だらけ。このあいだは、軽トラックを運転していて何気なくミラーを見て、ぎょっとしました。あたまのうえに、木の枝がのっかっています。よく見るとナナフシでした。運転しながら跳びあがりました。この手のおどろかせる虫の代表は、なんといっても、フクラスズメの幼虫です。しそに似た苧麻《ちょま》が大好きです。苧麻を草刈りせずにいたら、大群がおしよせてきました。一匹でも、かなり強烈な色だし、こわーいのです。あたまは赤くてからだ

にも赤いてんてん。触ると、口からねばねばのみどりの液をべーっとはきます。群れているとかなりの恐怖です。フクラスズメとなまえはかわいいのですが。また、お風呂場に大量におしよせたヤスデ。まき窯用の松の木を切ったときの木屑のなかで、大量に発生。お風呂場の天井や壁にうようよ。まるまって、裸のわたしのうえにぽとんとおちてくるのです。ぎゃあ！　このヤスデはタイでお家を借りて住んでいたとき、タイ人にも怖れられていました。お昼寝していると、こどもの耳にはいってまるまりとれなくなるのです。タイのヤスデは10㎝もあり、キンクーといいます。

にっぽんにも危険な虫がいます。蒸し暑い日にはムカデに気を使います。軍手や手をふくタオルのなかにひそんでいます。夜ふとんのなかにはいってくることも。首すじをはっているときには、大声をあげたり、激しくうごいては、いけません。かまれたときのためにムカデオイルをつくります。お箸でつまんで生きたまま生け捕りにしてオリーブオイルにつけこみます。ムカデは同居しているので、気配を感じることが、まずだいじです。感覚をひらきましょう。

けれども、ところかわれば、虫も神さまです。ラオスの農村のお寺にはムカデの神さまが祀られていました。畑の土の神さまということなのでしょう。韓国では１００匹ずつ束ねて漢方薬市場に売られていました。では高知の土の神さまはなにかというと、ミミズのカンタロウでしょう。水のなかではエメラルドグリーンで、うつくしいのでついうっとり見とれてしまいます。

蚊帳《かや》のある暮らし
♪フィリッパ・ジョルダーノの清らかな女神を
ききながら♪

野菜ずし
竹やんのパン
夏のお祭り
かんてん
豆乳の
グルテンミ
からあげ
こんにゃくきんぴら
りゅうきゅうとナイラゲ
のすもみ
こいものあげ
たの
トーフの
ミートローフ風

夏には蚊帳《かや》のある暮らしをしよう

夏のお祭りのころ、あずきをまく

夏になるとまいばん、蚊帳をつり眠ります。蚊取り線香を焚くと鼻がずるずるになるからです。蚊帳の藍染めは虫除けだといいます。わたしがこどものころの蚊帳をつぎはぎしていまだに使っています。麻の蚊帳ごしにそとを見るとなんとも幻想的です。そして蚊帳の布がたっぷりな感じがうつくしく、涼しげです。蚊帳こそ夏の暮らしにぴったりです。

　きょう夏の神さまのお祭りがありました。まえの日に大元神社の社《やしろ》のまわりをおそうじしました。男のひとはそとを竹箒で掃き清め、女のひとは社のなかをぞうきんでふきました。そのとき、すだれをうえにあげたのを思いだし、「もとにもどさなくちゃ」とテッペイに言いました。テッペイが鍵をあけて本殿の扉をあけると、おおきな音がぎぎぎーっと静かな神社の境内にひびきわたりました。

　すると、その音を聞いた神官さんの入野さんが、あわてて走ってやってきました。大声で「そこはあけちゃいけ

ません」と怖い顔。どうやら、わたしたちはあけてはいけない本殿をあけて、おそうじしてしまったようです。「おとうや」のみんなは叱られて、しゅんとちいさくなってしまいました。

　神官さんが祝詞《のりと》を捧げはじめました。ちかごろは、ステレオの音響を持ってこられて、お袖のなかでスイッチをいれると、祝詞のバックに笛の音の演奏がはじまります。スイッチを押しまちがえると、神官さんのお好きな音楽『ももクロ(ももいろクローバーZ)』が流れてしまうと冗談をおっしゃっていました。そんなにこやかな神官さん、入野さんのお話は妙にこころにすとんと納得するものでした。「おおいなる自然のなかで、わたしたちは生かされている、ちっぽけな存在の人間なのです。暑い夏をのりこえ、自然の実り、めぐみに感謝しましょう、そしてとどこおりなく、お米が実りめぐみの秋がきますように」とお祈りしました。たいこをどんどんどんと叩くと、ふしぎにさーっと風が吹き、木々がざわざわとゆれました。

　神事のお祈りのあとは「なおらい」です。神さまにお供えしたささげものをみんなでいただく、いわゆる供食《ともしょく》というものです。そのとき、神官さん(村での呼び名。正しくは神職)がわたしに「ご神具をそろそろ修繕しなくてはならないけれど、ユミさんに直してもらえないだろうか」と相談がありました。きのうのおそうじのときに、こっそり見てしまったのです。ご神具はぼろぼろになった布でした。その昔は草木染めで染められた絹の着ものだったとか。もともと草木染めの着ものというのは、その植物のもつ薬効をからだにとりいれられるからです。『草根木皮、これ小薬。鍼灸、これ中薬。飲食衣服、これ大薬』と中国の古い書物にあるように、衣服はたべものとおなじ薬効があったからです。いまでもお薬を服用というように、昔は草木染めの衣服はからだを治すためのものだったのです。布にも神聖なるちからが宿るのです。そういう布の着ものがご神具だとはおどろきました。

　ことしの夏は大雨や台風が続き、天候不順でした。祈りの声が神さまにとどかなかったのは、わたしたちが、あけてはいけないあの扉をあけたせいかもしれません。

村びとのつくる道とけものの道

小暑には、夕方、森のなかで、ひぐらしが鳴きはじめる

7月の梅雨明けのまえ、小暑のころ、村びとがみんなで道路の草刈りやそうじをする道役《みちやく》という行事があります。いつもテッペイが参加しますが、展覧会にでかけているので、りえちゃんとわたしと象平が参加しました。ひと家族からひとりでいいのですが3人もでたので、みなにたいへんよろこばれました。ただでさえ、人数がすくなくなった過疎の村です。たいへん重労働なのですが、おばあさんたち女たちの参加がふえていました。高知の女のひとは「はちきん」と呼ばれ、独立心が旺盛で、笑いじょうごで、男顔負けのちからもち、みんなとても元気です。

「もともとの道は、村びとが参加して手で掘ってつくったんやで。戦前のパワーショベルなど重機がない時代に」と道の歴史を聞きました。男にまざって、女のひとも参加したと言い伝えられています。山のしたから、この谷相への道は、行政がつくったのではなく、村びとみずからがつくった道なのです。道は谷相のひとにとって、そとの社会

とつながるための重要な手段だったのでしょう。

　道役に参加して、草刈りしながら、聞いたお話でおもしろかったのは、谷相のいちばんまんなかにはキンマ道がとおっていたそうです。木馬と書いてキンマと呼ぶそうです。キンマというのは、山から切り出した材木など重い荷物を運ぶための樫の木でできたソリのようなもの。ソリ?と聞いて目がまんまるくなりました。木のころをひいてすべらせたそうです。さらに昔はお嫁さんもキンマにのってやってきたとか。以前、富士子さんちで、実物のキンマを見せてもらったことを思いだしました。

　谷相にのぼる道は3つあります。夜おそく、あたらしくできた白尾林道をとおると、鹿の群れにでくわしました。りっぱな角がみごとな木の枝のようです。おおきな雄は神々しくて、ひかりを放っていました。あたりを見まわすと、ほかに2頭の鹿のアーモンド型の黒い瞳がこちらを見つめています。おしりに白いてんてんのある子鹿も見ました。鹿の家族です。そう、この道もまた、わたしたち人間だけの道ではなく、野生の、鹿やいのししやたぬきのけもの道でもあるのだなと、気がつきました。この地球は人間だけのものではないのです。鹿たち野生の生きものは、森のなかでまったく自給自足の暮らしで感心します。うつくしく、気高い鹿と目と目をあわせ、息をのむ一瞬でした。チベットやブータンでは、ふたつのむかいあった鹿が寺院のシンボルになっています。奈良では神の使いが鹿であったり、鹿は平和のシンボルです。鹿とおなじ森に住み、鹿とおなじ道をゆくことが、この文明の時代にうれしくも、楽しくも、ゆかいに思えるのでした。

　夏が過ぎたころ、大工の田中さんが鹿の肉をとどけてくれました。足がまるまるいっぽんです。お鍋にはいらないので、膝の関節をはずすのに、くるくるまわして筋を切り、1時間もかかってしまいました。あの神々しい鹿かもしれないと泣きながらたべると、鹿のお肉は木の実の味がするような、さっぱりとこうばしい滋味深い味わいでした。わたしのからだに、鹿のいのちがはいってきました。

♫トーキング・ヘッズの
クール・ウォーター
をききながら♫

流れる水を飲もう。小川からラブミー農場に水をひく

大暑にもちきびを収穫する

ことしも暑い、暑い夏がやってきました。畑は日照りになって一滴の雨もふらず、さといもの葉っぱがしおれてきました。水がないせいです。おおきな鍋を軽トラックの荷台にのせて井戸の水をくんで、スーダラ農場やブータン農場にはちゃぷちゃぷいわせながら運び、水やりします。こんどは夏野菜でいっぱいなラブミー農場のキュウリが全滅しそうなので小川の水を畑にひくことにしました。

朝から長靴をはき、ちいさめの鉈《なた》をさげ、黒パイと谷相のひとが呼ぶ、直径が5㎝くらいの黒いホースをひっぱりながら、小川をさかのぼります。ちいさな探険のようです。お弟子のまほちゃんとりえちゃんがあとからついてきてくれます。川にはいると、目線が水になります。水はひんやりしていて気もちがいいのです。こどもがちいさかったころ、川遊びに熱中したことを思いだします。同級生のお父さんが、最近のこどもは川遊びをしないから、もっと川で魚捕りができるように、漁

協にかけあってくれたのです。おかげで、こどもがあまごやあゆ、ごり捕りをするようになりました。チャンデッポウという道具を使って、川をさかのぼって魚捕りして歩くのです。川をさかのぼるという醍醐味を、そのときはじめて知りました。

黒パイは20mもあり重くてたいへんです。上流の沢に黒パイが浮かばないように石とブロックで設置します。川をさかのぼり、この作業をすると、なぜだか、みなが元気になるのです。川の気をもらうのでしょうか。川ハイになるのです。「ただ水をひくだけなのに、なぜこんなに興奮するんだろうね」とみなで言いながら、ちからをあわせて、畑に水がでるとおおきな歓声をあげました。

流れる水は生命力をもっています。小川の水を両手ですくい、にわとりたちがくちばしでだいじそうに水を飲むようにしてみます。太古の人間はみなこうして、川の水を飲んでいたのでしょう。ペットボトルの水じゃなく、どこかに流れる水を飲んだ記憶があるのかもしれません。川の水の流れを歩くと川といったいになるような、ふしぎな感覚におそわれました。水は本来、流れているものです。水はひとしずくずつ、ぽとりぽとりと、岩のあいだからしみて水脈をつくります。だから、流れている水はまるで生きもののようです。

谷相には、水の神さまがいらっしゃいます。なまえはあまがたきといいます。水飢饉のときには、雨乞いをしたといいます。あまがたきの神さまに、お伺いをたて、ことしもぶじに田んぼにお水がはいりますようにと祈ります。動物にも植物にもすべての生きものに水がひつよう。わたしたちはいつからか、真実ひつようなものを忘れています。お金だけの経済活動に邁進《まいしん》していると水への感謝の気もちがなくなります。自然のなかにはいるまえに、「お水をいただきます」という水の神への感謝の気もちがたいせつです。

わたしたち人間にとって、自然とはゆたかなめぐみですが、２０１４年の高知の夏の自然は、激しかった。黒パイで水をひいた小川が大雨で氾濫して、しごと場が床下浸水したのです。自然のまえでは人間はあまりにもちっぽけです。流れる水という生きものが、ときには自然の脅威にもなるのです。

栗になった、いね

立秋には、ブロッコリーの種まきをする

　中国のラサから日本へ帰る道中のことでした。ラサは高度が３６５０ｍもあるので高山病にならないよう行きは数日かけ、帰りはいっきにラサから関西空港へもどる予定でした。ラサに滞在中、高知は大雨だったようで、しごと場が床下浸水しました。留守番していた息子たちは、思わぬできごとに対処できず、いらいらが電話越しに伝わってくるのでした。おまけにおおきな台風が高知へむかっているのです。だから、いっこくも早くうちにもどらねば、という気もちでした。

　ラサを飛び立った飛行機がまもなく北京に着きました。国際線に行くと大阪ゆきは、台風でキャンセルになり、窓口は長蛇の列です。飛行機の旅で、こんなことははじめてでした。あすの大連経由広島ゆきならあるよと言われ、チケットの再発行をたのみました。

　その日は北京の航空会社の用意してくれたホテルに1泊しました。ふだんなら街にでかけるのですが、そんな気もちにもなれず、早く帰ることばかり考えていました。だれかがわたしを呼んでいるような気がしたのです。

　そしてついに強風のなか広島空港にぶじ着陸しました。うちに電話すると「いね、たね元気だよ」と話していた息子。リムジンバスにのって広島市内にはいったところで、ふたたび家から電話がありました。「いねが、車にはねられ死んじゃった」と息子の声。わたしは、はっと息がとまりそうでした。あたまがまっ白になってむねが苦しくなりました。あといちにちで会えるところだったのに。うちにもどると「抱っこしてよ」と飛びついてくるいねは、もういないのです。いつも玄関に座っ

てわたしの帰りを待っていたそうです。そう、いねはなくてはならない存在でした。

　息子たちは、兄弟ふたりでかばいあっていました。兄は弟を責めないでと、弟は兄のせいじゃなく、おれがわるかったと。きっと生まれるも死ぬるも、ともにする家族だからかばいあうのです。そんなことが、すこしだけわたしのこころの支えになりました。でもかわいいひょうきんな、いねに、もう会えないと思うとこころのおくそこから、深い悲しみがやってきました。ひとりでお風呂へゆく道、星空を見あげ、「いねー」と呼んでみます。毛むくじゃらのいねを抱っこするときの感触。はちきれそうにぱつぱつした、いねのからだの匂い。犬なのに、いねは、まるでひとのようです。生きものの気に満ち満ちていました。生命力の本質を体現していた、いね。しばらくは、この現実がうけいれられずに、こころがへしおれそうでした。だから、いねの眠る栗の木のところに行けるまでに、とうとう1ヶ月が過ぎてしまいました。

　いねはいま栗の木のしたに眠っています。もう、いねのからだはなくなり、完全に土に還ったのでしょう。へこんだ土のうえに石ころを積みかさねて*チョルテンをつくりました。いねのからだは、やがて栗の木の栄養になり、おいしい山栗となって、こんどはわたしのからだにもどってくるのでしょう。チベットのひとは生まれかわりを信じているから、死ぬのはこわくないといいます。チベット仏教の輪廻《りんね》転生《てんしょう》では、いねのたましいは永遠に生き続けるのです。やっと、やっと、そう想えるようになりました。もしかしたら、庭を飛びまわっている黒い蝶に生まれかわったのかもしれない。すがた、かたちは見えないけれどいねは、いま、わたしのすぐそばにいつもいっしょにいるかのような気がします。

　夏のおわりに高知のギャラリー海花で写真家・佐々木知子さんの写真展『残る日々』がありました。そのなかにわが家にやってきたばかりのちいさないねの写真を見つけました。写真のなかには、たしかに生きていたいねのいのちがのこされているのでした。

＊チョルテンとは仏塔を意味するチベット語です。石を積みかさねたもの、レンガづくりのものなど、チベットの村のあちこちに見られます

種まきびとのおしごと暦　あき

立秋［りっしゅう］八月七日頃

立秋とは、はじめて秋の気配が感じられるようになるころのこと。残暑はあるけれど、かすかな秋のはじまり。とうもろこしや枝豆を収穫します。蓮の花が咲きます。秋野菜の苗をつくるために、種まきします。

処暑［しょしょ］八月二十三日頃

処暑とは、暑さがピークをこえて、やわらぎ、ひと段落するころのこと。朝夕の風、夜の虫の声に秋の気配を感じます。とんぼが飛びかいます。秋野菜の種まきをします。みょうがの甘酢漬けをつくります。

白露［はくろ］九月八日頃

白露とは、秋の深まりとともに大気が冷えてきて、葉っぱにころころ露が白く降りるようになるころ。ほんとうの秋がやってきます。栽培している栗の収穫がはじまります。金木犀、彼岸花が咲きはじめます。すすきやくず、おみなえしなど、秋の七草が咲きます。じゃがいもを植えます。

秋分［しゅうぶん］九月二十三日頃

秋分とは、昼と夜の長さがおなじになる日。これから、じょじょに日が短くなり、秋がますます深まります。秋明《しゅうめい》ぎくが咲きはじめます。さといも、ぎんなんを収穫します。にんにく、わけぎ、根深ねぎを植えます。冬野菜さいごの種まきをします。

寒露［かんろ］十月八日頃

寒露とは、すこし寒くなり、草木に降りる露が冷たく感じられるようになるころのこと。空気が澄みわたり、月のひかりがうつくしくなります。落花生と、自生している山栗がたべごろです。さつまいも、さといもをたべはじめます。

霜降［そうこう］十月二十三日頃

霜降とは、朝夕の冷えこみが、きわだってきて、霜が降りはじめるころのこと。やがて、秋はおわりを告げます。ひよどりが、やぶつばきや、お茶の花の蜜を吸いにやってきます。そらまめの種まきをします。

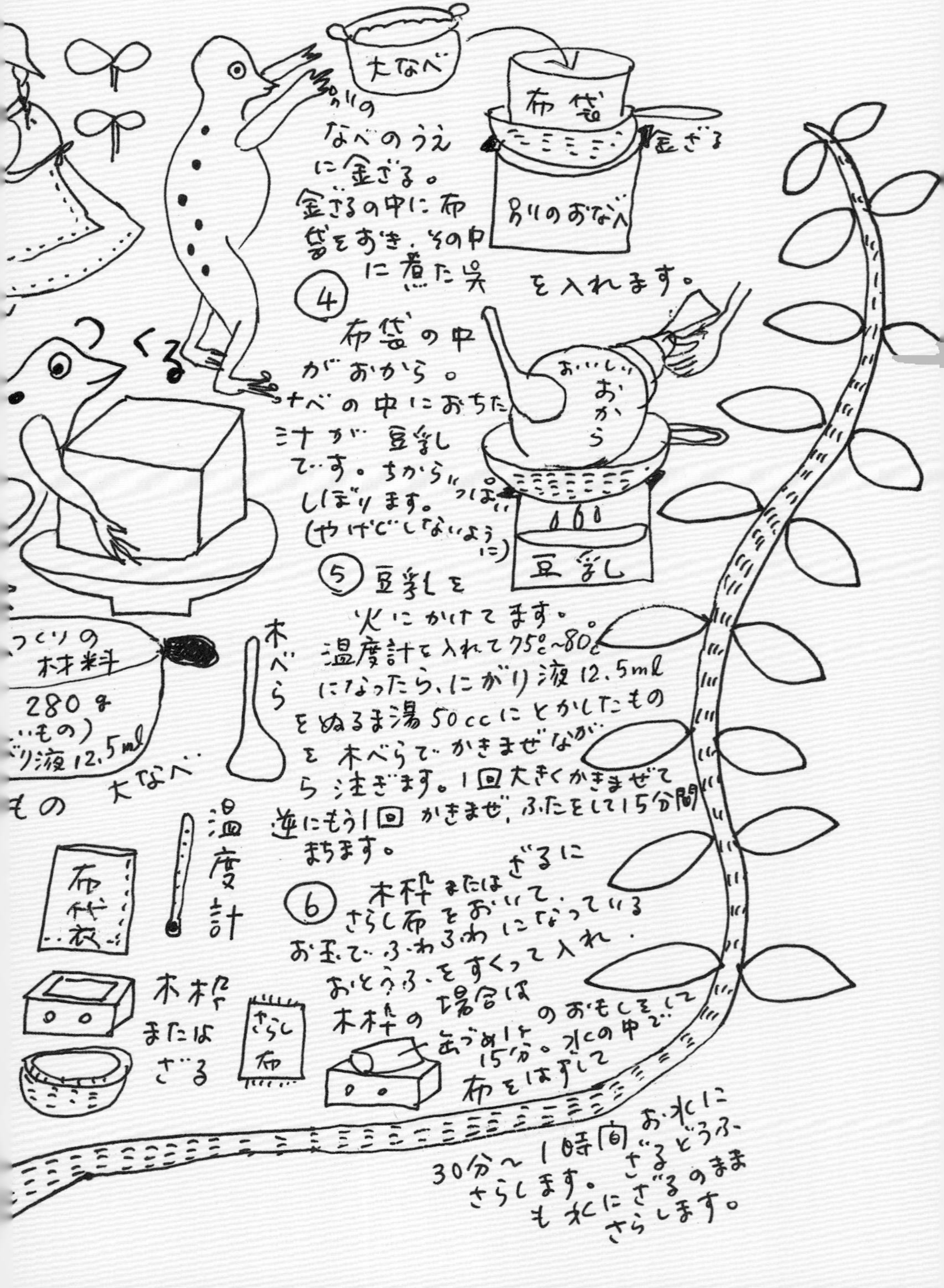

大なべ
布袋
金ざる
別のおなべ
別のなべのうえに金ざる。金ざるの中に布袋をおき、その中に煮た呉を入れます。
④ 布袋の中がおから。なべの中におちた汁が豆乳です。ちからしぼります。(やけどしないように)
おいしいおから
つぼ
豆乳
つくる
つくりの材料
280g
もの)
がり液12.5ml
もの 大なべ
木べら
温度計
布袋
木枠またはざる
さらし布
⑤ 豆乳を火にかけてます。温度計を入れて75℃~80℃になったら、にがり液12.5mlをぬるま湯50ccにとかしたものを木べらでかきまぜながら注ぎます。1回大きくかきまぜて逆にもう1回かきまぜ、ふたをして15分間まちます。
⑥ 木枠またはざるにさらし布をおいてお玉でふわふわになっているおとうふをすくって入れ。
木枠の場合は缶づめ1kgのおもしをして15分。水の中で布をはずして30分~1時間お水にさらします。

ざるどうふもざるのまま水にさらします。

とうふを

ゆったりと
たっぷりとした気もちで、時計で 時間をきちんとはかってつくりましょう。

① 水1200ccに大豆をつける。きっちりふくらむまで
夏8時間 冬20時間
○ ×
大豆を切ってみると

② しっかりふくらんだ
大豆をお茶わんにつけこんだ水ごと3つにわけて、ミキサーに2分間かけます。

1/3ずつ

1回にひと茶わんずつ。3回ミキサーに入れ、それぞれ2分間ずつかける（生呉）

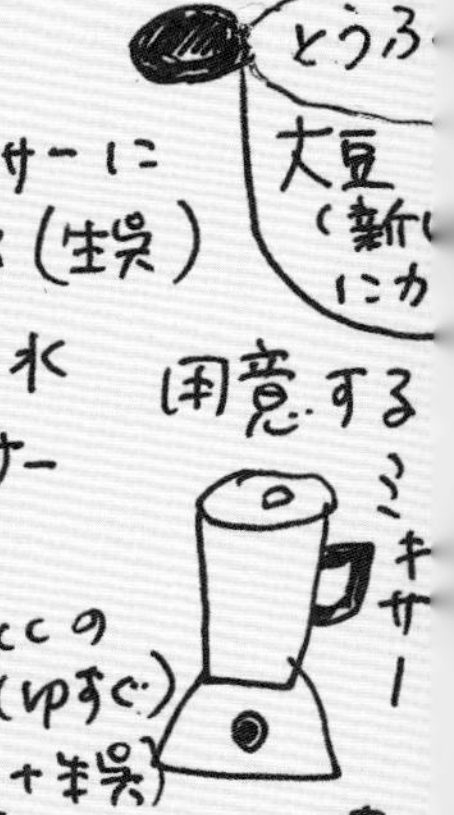

③ 大なべに1300ccの水を煮て、そこにミキサーにかけた生呉とミキサーに200ccの水を入れたもの（ゆすぐ）を入れます。（1500cc＋生呉）

中火〜強火でふっとうしてから10分間 木ベラでかきまぜながら煮ます。

♪音楽は 高田渡の 自転車にのってをききながら♪

ふきこぼれそうになるので、火を弱めたりしながら（水100cc入れる）強火でぐらぐら煮ます。

立秋までにはちみつ採りをしよう

手づくりのおとうふをたべよう

ある日、玄関に温かなつくられたばかりのおとうふが1丁おいてありました。だれが持ってきてくれたんだろうと、うちのまわりを見まわすと、しごと場のしたの棚田の草刈りをする前田英男さんが見えました。「おとうふ、英男さんですか?」「いちどにたくさんつくったき」あとから奥さんのよしこさんがおからも持ってきてくれました。おおきなからだの英男さんは、うれしそうにつくり方を教えてくださいました。英男さんは、はちみつ採りの達人でもあり、採り方の実際をいっしょに手ほどきしてくださった方です。おおきな鍋をかまどにかけて、簡単につくれると言うので、わたしもつくってみました。豆は以前、谷相に住んでいたしゅうじくんのつくった無農薬大豆。それをつかってつくりました。しゅうじくんは関東からリアリティのある暮らしがしたいと谷相に引っ越してきて、田んぼや畑を耕して1年あまりで山を下りてしまいました。まず土をよくするために、大豆を植えようとたくさんお豆さんをつくりました。わが家の去年のみそも、ことしのみそをつくっても、まだ、あまっています。きっと大豆がタンパク質源として、昔からたいせつにされたのは、保存が利くからなのでしょう。

おとうふつくりは最初のなんどか、失敗しました。なんどもつくるうちにやっとうまくできました。おとうふつくりのコツは、豆乳をつくるときの、火加減です。このとき、強火で沸騰してから10分間くるくると木べらでこげつかないように、かきまぜること。ふきこぼれるので火を弱めたり、差し水したり、また強くしたりして、沸騰状態を保って、濃い豆乳をつくることです。弱火のままだと、うすい豆乳になって、にがりをいれても固まりません。できあがったおとうふは、おいしいお豆さんの味です。そしてかならずできる、おからは絶品です。あんまりおいしいおからができるので、家族のみんなが「おからつくって」と言うほどです。ほくほくあまいおからができるのです。おとうふと、おからといちどにできるのでお得な気がします。スーパーで売られているおとうふを見るたびに、おからはどうしてるんだろう?と気になってしまいます。

ここ谷相にはおいしい地豆があります。谷相で種を採り育てている、在来種の茶豆です。スーダラ農場に植えていたら、道をゆくみんなにほめられました。茶豆の種は売っていないので、畑でつくり、種をたやさないことに意味があると言います。戦前のたべものがないときにも、茶豆はほくほくおいしくて、貴重な栄養として谷相のひとびとにたべられていたそうです。この茶豆を畑でつくりたい。そしてにっぽんの伝統食をたべて、わたしもお豆さんのちからを借り、まめまめしく働き、まめに暮すことができたらと思います。

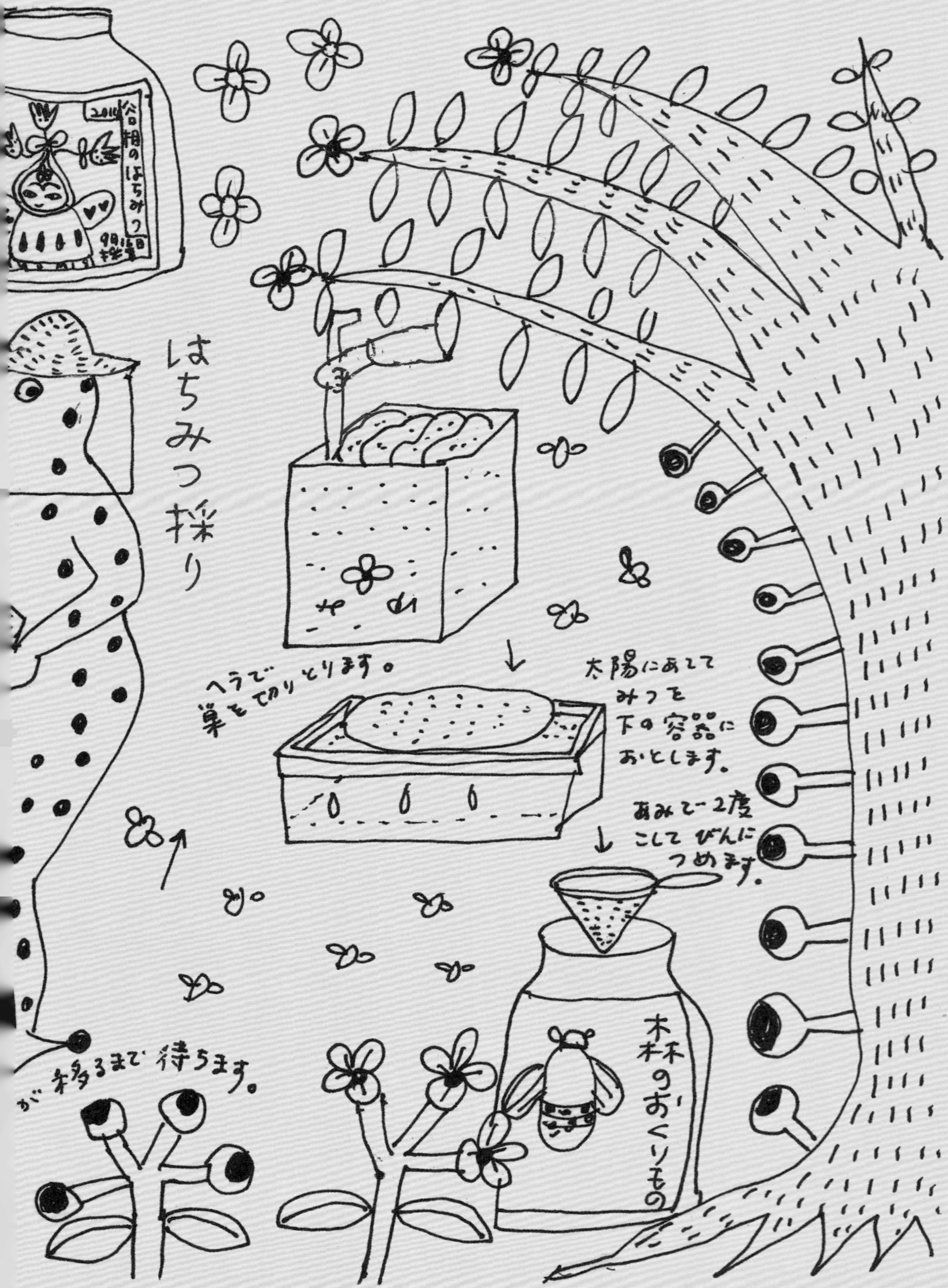

谷相のはちみつ
9月1日 採蜜
はちみつ採り
ヘラで巣を切りとります。
太陽にあてて みつを 下の容器に おとします。
あみで2度 こして びんに つめます。
が移るまで待ちます。
森のおくりもの

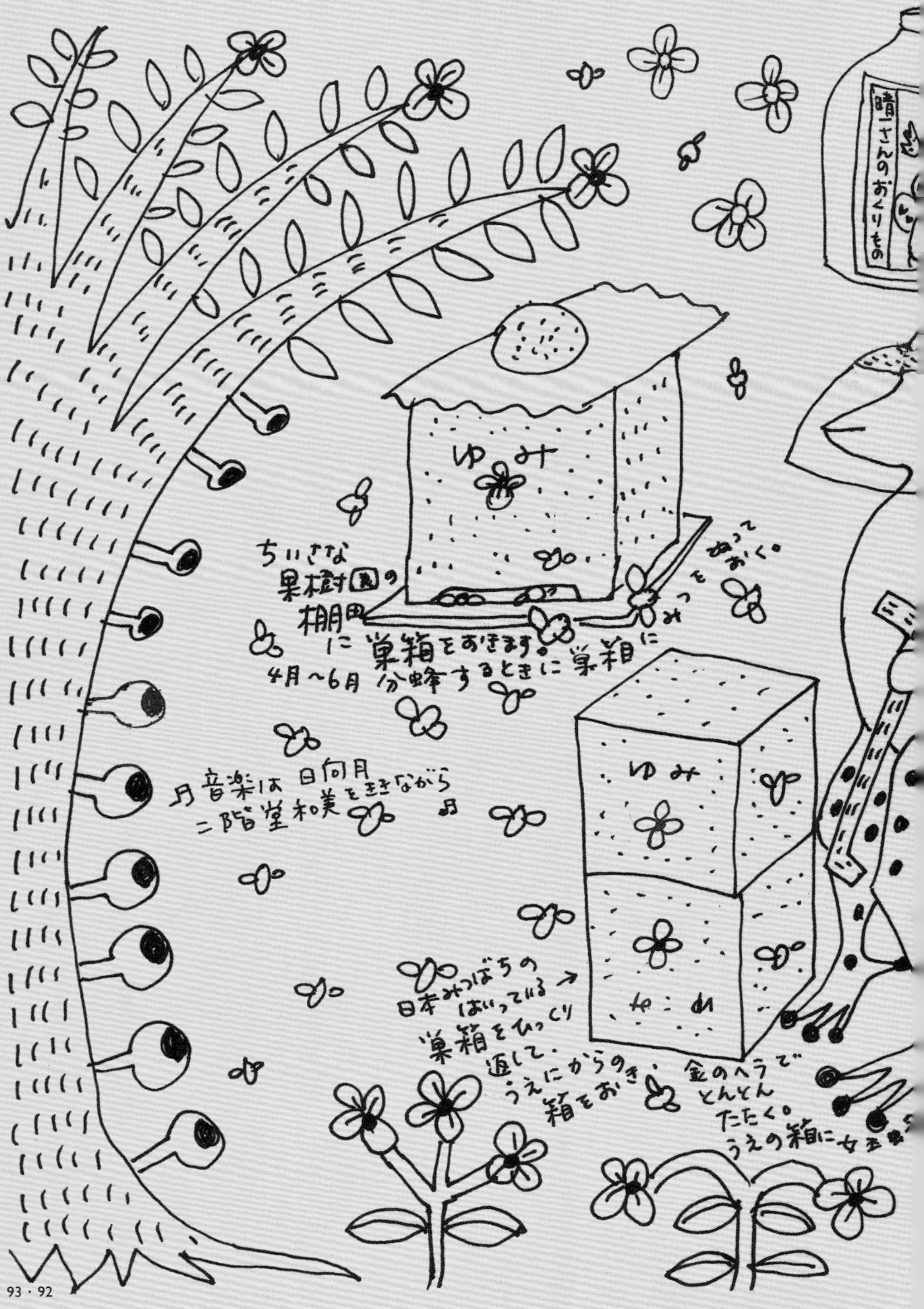
晴一さんのおくりもの
ゆみ
ちいさな果樹園の棚田に巣箱をおきます。
4月〜6月分蜂するときに巣箱にみつをぬっておく。
♪音楽は日向月二階堂和美をききながら♪
ゆみ
ゆこめ
日本みつばちのはいってる→巣箱をひっくり返して。うえにからのき、箱をおき、金のヘラでとんとんたたく。
うえの箱に女王蜂

白露にはみつろうクリームつくり

森のおくりもの、はちみつ採り

いつもなら7月のおわりに、日本みつばちの巣箱のはちみつ採りをするのを、9月にはいってやっと採ることができました。お天気のいい日にうえの子の象と山のなかにはいって、巣箱のところに行くと、門番のみつばちたちがならんででてきます。雨やくもりの日はごきげんが悪いんだそう。お天気のいい日に警戒されないように、ゆっくりとうごきます。走ったり、速い動作は、いけないそうです。そして白い服を着てゆきます。振動させないよう、ていねいにゆっくり巣箱をひっくりかえして、もうひとつ持っていったあたらしい巣箱をうえにおき、たかおさんにつくってもらった、L字の金属のへらで

とんとんと箱をたたきます。30分くらい辛抱強くたたいていると、やっと女王ばちがうえの箱に移動します。すると、まわりに団子状にぶらさがった働きばちたちも、女王ばちについてぞろぞろ、うえに移動します。すっかり移動したら、巣箱のなかのおふとんみたいにならんだ巣を、金属のへらで切り取り、ふたつきバケツにいれて持ち帰ります。ぜんぶとらずに、1、2枚はのこします。

おうちに持ち帰った巣は、ざるのようなものにいれて、太陽の熱で、2、3日かけて容器にたらします。なんどか漉して瓶詰めにしてできあがりです。のこった巣からみつ

ろうを採ります。

みつばちの巣箱からどれだけはちみつが採れるかは、花やその年のお天気しだいです。みつばちのコミュニケーション能力はかなりすぐれています。花の蜜を集めて、巣箱にもどったみつばちは、花のありかをダンスで教えあいます。花が近くにあるときは、サークルダンスで知らせ、みつばちどうしがからだと触覚を触れ合わせ、花の匂いも伝えるんだそうです。花が遠くにあるときは、おしりをふりふり、八の字を描くダンスで、場所を教えあうし、仲間どうし助け合ったりもするそうです。みつばちは、すばらしい。

はちみつは森のおくりもの。滋養があり、からだにいいばかりか、ちょっとのどが痛いときは、はちみつをなめると、もう治っています。インドのアーユルヴェーダの本にもはちみつの薬効が記されているそうです。おなかにもやさしく、疲れもとれやすく、炎症にもきく万能薬としてのはちみつ。わたしは旅にでかけるときにはいつもかばんのなかにはちみつの瓶を持ってでかけます。

みつばちのいる暮らしは、わたしのちいさな果樹園に蜜源の花や果樹を植えるところからはじまりました。春には、菜の花やクローバーやれんげ、びわやあんず、梅、桃、さくらや栗など。日本みつばちは、西洋みつばちのように蜜の特定はできませんが、いろんな蜜を集めるそうです。森のなかに18個、ちいさな果樹園にも10個の巣箱をおいています。いま、はいっているのは6個です。みつばちが巣箱にはいると、くじびきのあたりのような感覚です。狩猟採集生活の縄文人もこうしてはちみつを採っていたんだろうと思うと、ふふっとうれしくなります。

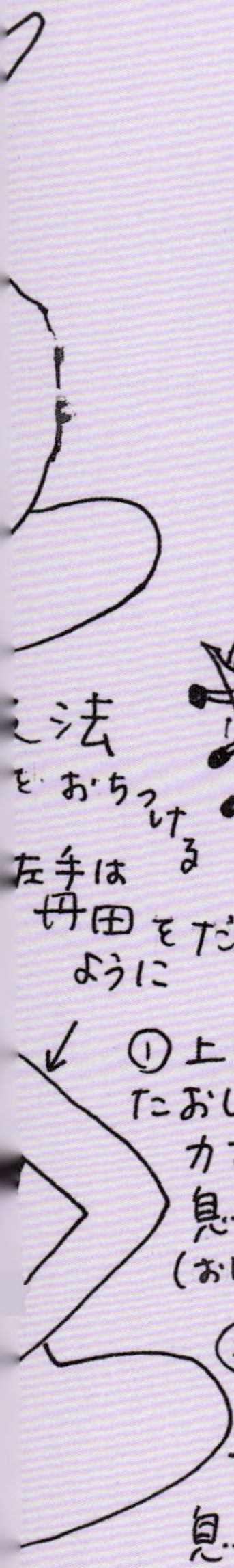

法
をおちつける
左手は丹田をだきかかえるように

① 上半身を前にたおして.(丹田に力を入れる)
息を静かに吐く。
(おしりの穴をしめる)

② 息を吐ききったら.上半身を伸ばしながら息を吸う

③ 息を止め.すとんと腰をおとす。くりかえす

おなかの奥には
叢があります。
して呼吸すると.
ぽかぽかします。

大木を抱き.
大木といっしょになる。
樹とひとつになると
樹はこたえてくれる。
自分の中の気を両手で樹を抱く手のひらに集める。樹からでている気の感じをうけとり.吸収し自分の中をぐるりと一周させる。

丹田呼吸
こころとからだ
太陽のひかりのシャワーと宇宙のエネルギーはただです。たべものと同じように、からだにとりいれましょう。
♪音楽は深呼吸Polarisをききながらオオヤユウスケくんの声がよいです♪
①両方の手のひらを太陽にむけてあたたかさを感じ、生命エネルギーをたかめます。
深く息を吸い太陽のひかりをからだにとり入れる
②丹田に太陽のひかりを感じ、集めるイメージ。
③太陽とひとつになり、深く息をはく。
丹田
右手はみぞおち
丹田のお
太陽神
丹田を意
だから、おなかが

ここ谷相に暮らすと、ぐるりは、草や花や樹や虫や鳥やけものがいっぱい。たっぷりな自然で満ちあふれています。種まきびとは畑からたべものをいただき、山からいのししや栗やはちみつをいただきます。自然のめぐみをいただくと、わたしたち人間も自然のなかで生き生かされている、自然のいちぶだとわかります。すると自然はそとがわにあるものではなく、うちがわ、うちなるわたしのからだこそが自然だと気づきます。からだは、生まれてからずーっと呼吸して、生命を維持しています。この生命の素《もと》のちからはどこからきているのでしょう。わたしのからだとむかいあうために、丹田呼吸法の

秋分には、にんにくとワケギを植える

丹田呼吸法を学ぶ。種まきびと、太陽びと、樹のひとになろう

中内先生の全生会に通いはじめました。毎月第三月曜日に高知の江の口公民館でひらかれています。午前が丹田呼吸法、午後は老子法や太極拳を学びます。

丹田呼吸法は宇宙のエネルギー宇宙生命を丹田にとりいれて、生命力を充実させるための宇宙とのつながり方です。

生きとし生けるものは宇宙の生命の根っこからできているから呼吸すること、吸うことで、エネルギーをとりいれ、丹田を充実させて、吐くことで、宇宙の果てまででてゆく感じで、イメージします。中内先生は身もこころもお元気な88歳。

きょうの中内先生のお話がおもしろかった。「からだはみがかなくちゃいけない。ほたくっといて、使いっぱなしじゃあいかん。息を吐ききって、吸う。宇宙力を充電する。宇宙は無料のエネルギー。宇宙力をこじゃんととりいれる。宇宙とつながりながら、宇宙といったいになる。宇宙とつながることは、自然ともつながること。そして森《しん》羅《ら》万《ばん》象《しょう》とつながり、宇宙銀河のちからをとりこんで、丹田にエネルギーをいれる。みんなは帽子や日傘で高知の太陽の日差しから逃げて、かくれているけんど、まっこと、もったいない話。太陽のエネルギーをもらわんと元気になれんのに。太陽のひかりはただ。だから、これをとりいれんのは、もったいないこと」と、にこにことおっしゃいます。太陽はわたしたち人間のからだにとっても、必要不可欠な、生命力をたかめるためのエネルギーなのです。太陽のひかりをあびて、わたしも太陽びとになろう。

そして、もうひとつ中内先生がまいにちの日課にしていらっしゃる、樹とひとつになること。樹を抱き、樹からでているものを感じると、樹はこたえてくれるんだそうです。大木といっしょになるというお話には、こころうごかされるものがありました。わたしも、おうちに帰って、しごと場のけやきや、ちいさな果樹園にあるおおきなえのきと、ひとつになることをこころみてみました。ふたつの手でかかえると見ているより、ごつごつしているけやき。あたたかな太陽を背中に感じました。樹もまた、ひろげた葉っぱにおなじような太陽のひかりを感じていることでしょう。しばらくあまりにここちよいので、樹とひとつになっていました。樹のひとになったかのようでした。

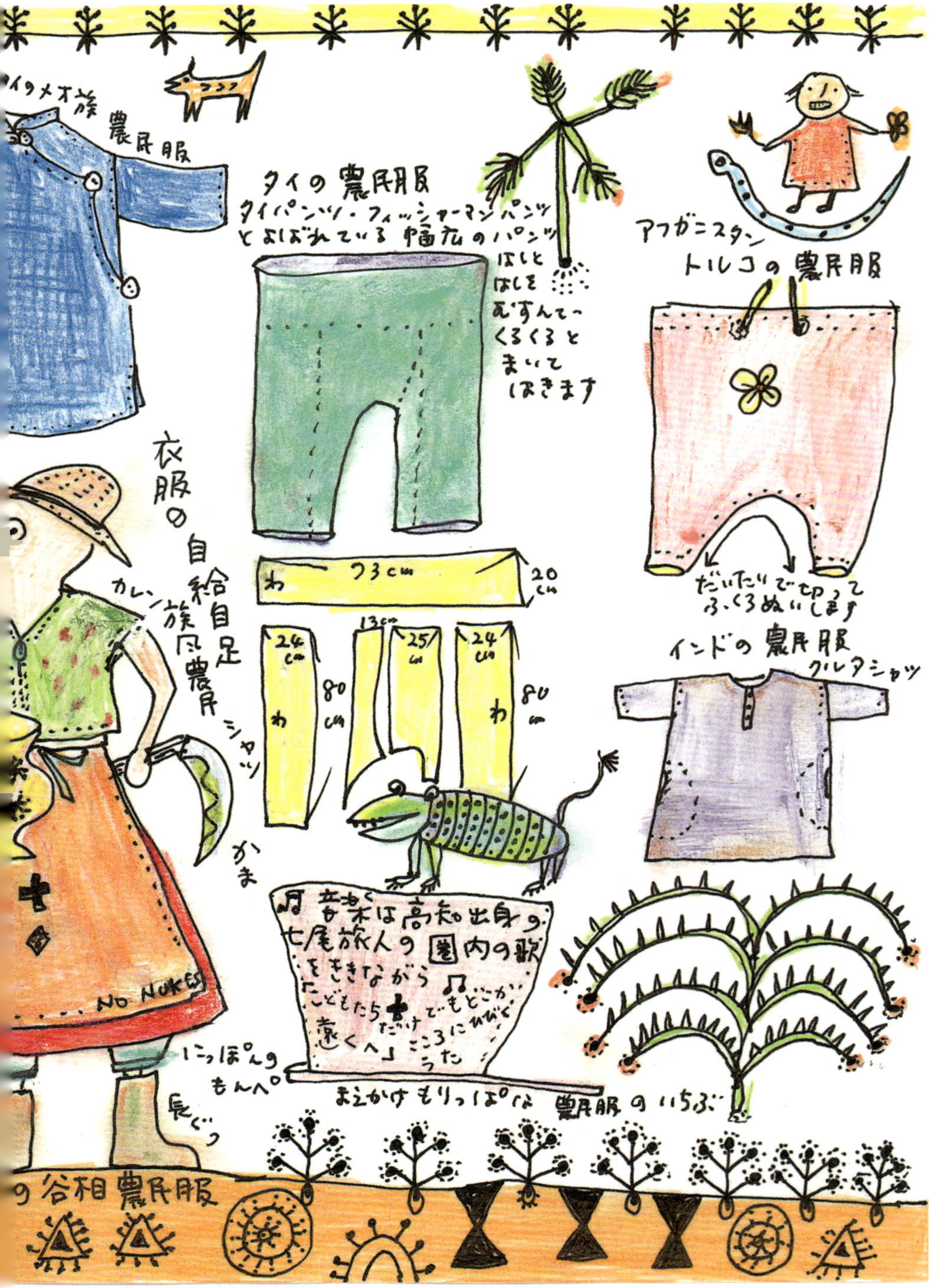
イのメオ族 農民服
タイの農民服
タイパンツ・フィッシャーマンパンツ
とよばれている幅広のパンツ
はしとはしをむすんでくるくるとまいてはきます
73cm
20cm
わ
24cm
80cm
13cm
25cm
24cm
80cm
わ
わ
アフガニスタン
トルコの農民服
だいたりで切ってふくろぬいします
インドの農民服
クルタシャツ
衣服の自給自足
カレン族風農民シャツ
かま
NO NUKES
♫音楽は高知出身の七尾旅人の圏内の歌をききながら♫
「こどもたち✚だけでもどこか遠くへ」こころにひびくうた
にっぽんのもんぺ
まえかけもりっぱな農民服のいちぶ
長ぐつ
の谷相農民服

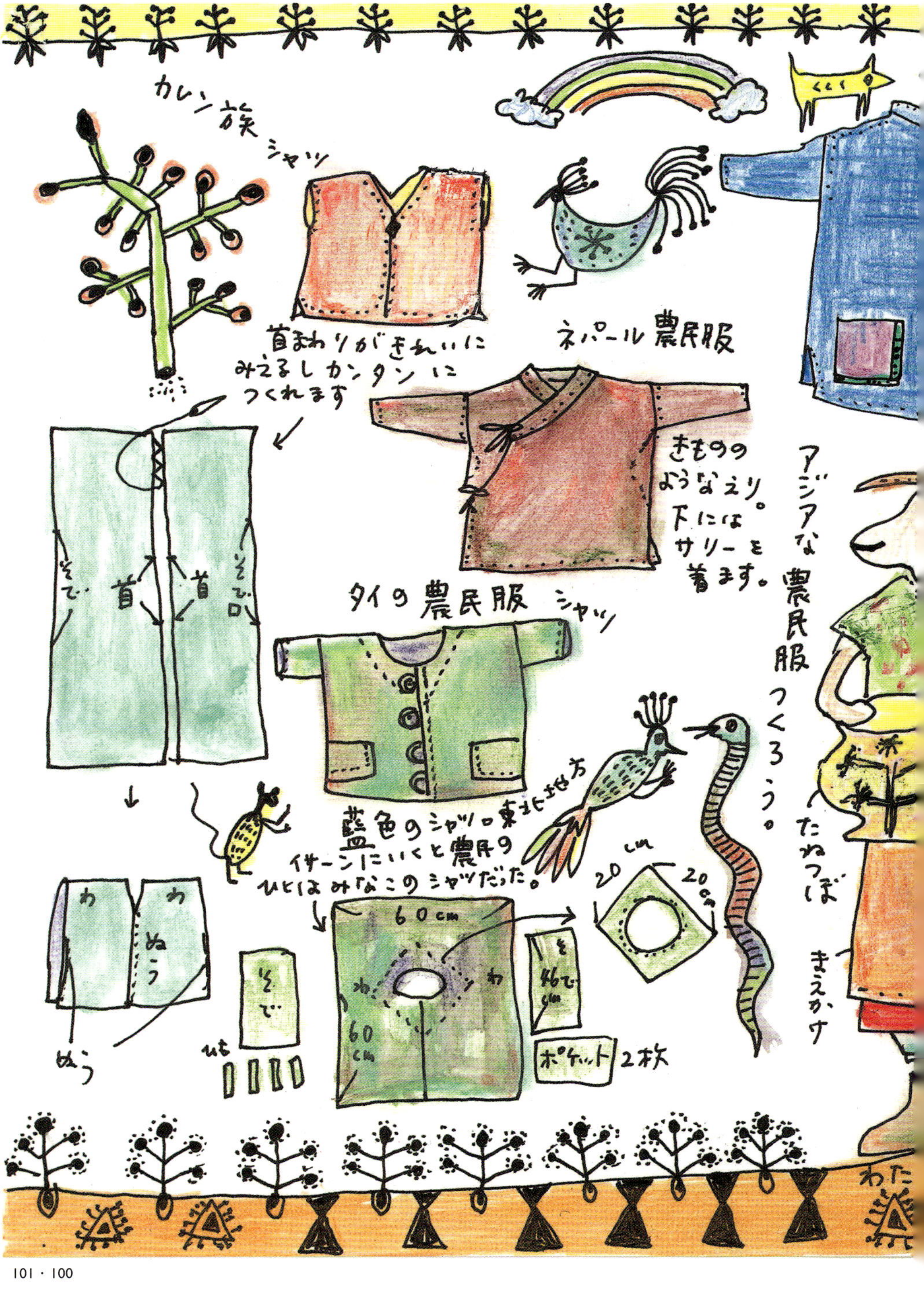

カレン族 シャツ
首まわりがきれいに
みえるしカンタンに
つくれます
ネパール農民服
きもののようなえり。
下にはサリーを
着ます。
アジアな農民服つくろう。
そで
首
首
そで
タイの農民服 シャツ
藍色のシャツ。東北地方
イサーンにいくと農民の
ひとはみなこのシャツだった。
わ
わ
ぬう
ぬう
そで
ひも
60cm
60cm
わ
わ
20cm
20cm
ポケット2枚
たねつぼ
まえかけ
わた

寒露にはさつまいも収穫

衣服の自給自足。アジアの農民服をつくろう。畑のおくりもの経済論

　アジアを旅すると畑を耕すひとの農民服に感動します。いちにち農民服をちくちく手で縫い、畑しごとをおえて、夕暮れどきテッペイといっしょに犬のノイノイを連れてさんぽします。さんぽはわたしの気もちいいのもと。歩くことはからだの調子を整えたり、癒やすちからをもっています。さんぽするとここ谷相も畑を耕すひとであふれてるって気づきます。歩いているとハーブ園のみとしさんに「あんたとこ、かぼちゃある？」と、声をかけられ、かぼちゃ2個をいただきます。豊太郎さんにもおおきなたまねぎをかかえるほどいただきます。「93歳になっても、まだまだよ。失敗ばっか」と言いながらも３０００本のたまねぎの苗を育てたそうです。89歳のようきさんに道のしたの畑から「りゅうきゅういらん？」と声をかけられました。さんぽの帰り道には、両手いっぱいの野菜たち。

　畑には、ひとがでます。みとしさんの畑は、お花やハーブが野菜とともに植えられてます。春にはキャベツとハーブがぐるぐると絵を描くようにまざっていて、その畑はお花の香りがしてうっとりします。やえちゃんの畑もおおきな岩のある棚田のあちらこちらが木の階段でむすばれていて、やっぱり野菜の畑がお花畑のようです。ようきさんの

畑は柿の木のしたに、りゅうきゅうがおおきく育っています。まるで畑は耕すそのひと、そのもののように、ひととなりがあらわれていると思うのです。

谷相に暮らしていると、ときどき玄関におとうふやちらし寿司、こんにゃく、お漬け物、たけのこ、野菜のおくりものがおかれています。東京からきた友だちが考えられない、こわくてたべられないと言うので、逆におどろきます。ここ谷相ではあたりまえのおすそわけという、おくりもの。ことしはうちもブータン農場でたくさんとれた夏大根をおすそわけしました。なんだか、おすそわけデビューで、村の仲間いりできたみたいで、うれしくなりました。ほんとうに畑があるってゆたかなんだなー。

とはいうものの*高知県の県民ひとりあたりの所得は201万円で47都道府県中、最下位になったそうです。お金のものさしでは最下位でも、谷相ではみんながおすそわけするので、野菜やたべものがおうちのあいだを、ぐるぐるまわっているのです。そのうえかぼちゃ貯金やおいも貯金や薪貯金、お米貯金がある。村のひとびとの台所は自給率が高く、お金ではなく畑とつながっています。最下位なんか関係ない、つまりしあわせは、お金じゃないということです。

お金のものさしではなくて、野菜やお米をものさしにしたら谷相はゆたかです。お金に依存しないおすそわけ経済、おくりもの経済という、土から、地べたから見る経済こそ、これからのにっぽんの、高知の歩む道ではないかと思えるのです。

*2012年高知県の発表によるもの

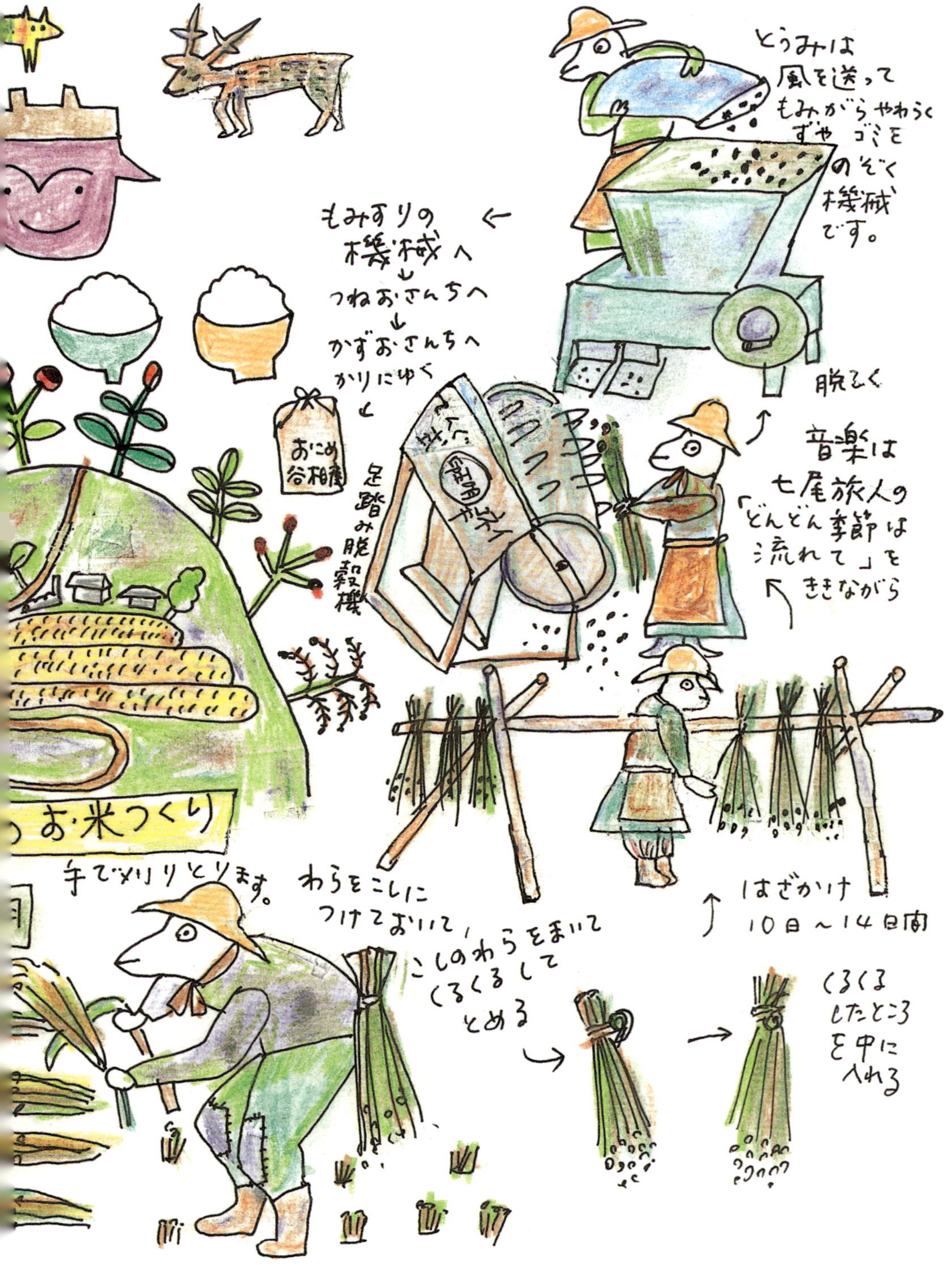

とうみは風を送ってもみがらやわらくずやゴミをのぞく機械です。
もみすりの機械へ
つねおさんちへ
かずおさんちへ
かりにゆく
おこめ 谷相産
足踏み脱穀機
脱こく
音楽は七尾旅人の「どんどん季節は流れて」をききながら
お米つくり
手でかりとります。
わらをこしにつけておいて、こしのわらをまいてくるくるしてとめる
はざかけ 10日〜14日間
くるくるしたところを中に入れる

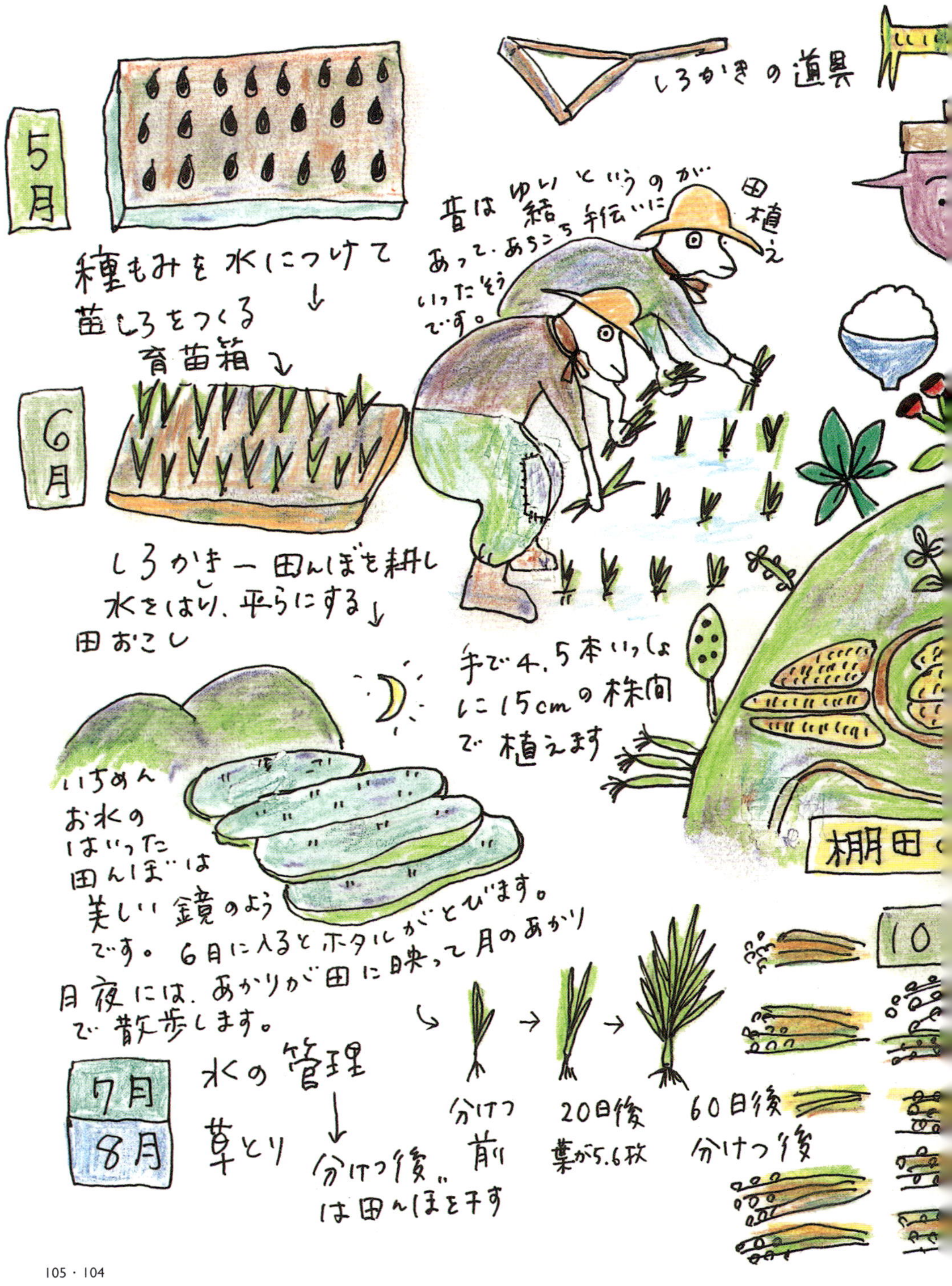

しろかきの道具
5月
種もみを水につけて
↓
苗しろをつくる
育苗箱
6月
しろかき— 田んぼを耕し
水をはり、平らにする
↓
田おこし
昔は結《ゆい》というのがあって、あちこち手伝いに田植え
いったそうです。
手で4、5本いっしょに15cmの株間で植えます
棚田
いちめんお水のはいった田んぼは美しい鏡のようです。6月に入るとホタルがとびます。月夜には、あかりが田に映って月のあかりで散歩します。
10
7月
8月
水の管理
草とり
↓
分けつ後は田んぼを干す
分けつ前
20日後
葉が5.6枚
60日後
分けつ後

稲刈りのころ、山栗をひろう

谷相のお米はおいしい

谷相の、棚田のお米はすばらしく、おいしいのです。それはなぜかというと、山のお水のいちばんはじめだから。清らかで、寒暖の差があるからだそうです。谷相にやってきて26年。まいとし新米のころになると、そわそわします。お米だけで、ごちそうです。あとはお漬け物とおみそ汁があれば、もうじゅうぶん幸せです。

谷相に暮らし、はじめてお米つくりをしてみたのは、1年めに「せっかく谷相の棚田にやってきたんだから、米つくりしてみたら」とハック(田中壽さん)の田植えに誘われました。象と鯛、ふたりのこどもを連れて、テッペイも参加しました。はじめての田植えです。こどもたちは、ハックやあけみちゃん(ハックのつれあい)があぜぬりしてくれている田んぼで、あばれんぼうです。どろんこがおもしろくて、たまらないといったふう。つぎの朝見るとずいぶん植えた苗が浮いていたので、ハックがやり直してくれたそうです。田植えをすると、なぜだかすこぶる満足な、なにかに満たされた気もちになりました。足のうらがわが痛かったけれど。

2回めのお米つくりは、うちのうらのブータン農場の4畝を。東京からきた若者たちと手で植えて、手で刈りとり、天日干ししました。やえちゃんに足踏み脱穀機とうぐいす色のとうみを借りて脱穀の仕方を教わりました。足踏み脱穀機は、ドラムにとげとげがでていて、ふたりでならんでオルガンみたいに踏みます。藁束をとげとげにあてると、ぽろんぽろんと音がして、まるで楽器のような、楽しい道具でした。とうみは風で藁くずを飛ばします。ところがそのあと、つねおさんちに借りた籾すりの機械をつまらせてしまいました。足踏み脱穀機なので、石がはいっていたのです。やっぱり道具をそろえないとということで、つぎの年のお米つくりは断念しました。けれども主食のお米はだいじです。いつかまたお米つくりしてみたいと、こころひそかに夢見ています。

棚田の風景はうつくしく、わたしたちのこころやたましいの原郷のようです。お米つくりをしてみて、この風景は、谷相のひとびとのなみなみならぬ苦労で保たれているということが、わかりました。先日はじめてのお米つくりへと誘ってくれたハックが、まきの窯たきの最中に旅だってしまいました。棚田がいちめん黄金色の、この季節に山の神さまのところへ逝ってしまったのです。深い悲しみにつつまれました。ハックはお米をつくりながら、日曜市で手づくりのアクセサリーを売っていました。文明の社会に反して、もうひとつの生き方をしたひとでした。いまやっと、この時代の社会のあり方に疑問をなげかけ、山で自然とともに暮らすひとがふえています。そのさきがけで、わたしにはじめて米つくりの愉しみを教えてくれたひとでした。ハック、ほんとうにありがとう。

と ねこの たねこ
まいにち 犬のノイノイと
さんぽするとき たねこ
はお蔵の屋根から
みていた。
ノイノイがいなくなって
テッペイとふ・たりで
さんぽして
いると、
たねこが
ついてきて、
ねこのたねこ
とさんぽ
しました。
は 生命力に
あふれている！
のししは
の実や
の根っこをたべる
しの肉をたべると
たまるのは、いのししのからだが
っているからだとわかりました。
宝
わたしが台所にたつと、ねこのたねこが
にゃあ〜と にぼしをせがみます。
たねこと呼ぶと にゃあ〜となく。

わたしがしごと場で
ミシンをかけていると
ねこのたねこ
がやってきて
窓の下でねそべるノイノイ
を ミシンの台のうえから
みおろしている図。
ノイノイは友だち
になりたくて
しっぽをふるけど
たねこは
ふっーとおこる。

犬のノイノイ

ノイノイは
栗の樹のしたに
ねむっている
のに、つい
肉や骨を
あげようと
して、
「もういないんだ、ノイノイ」と気づき
悲しい気もちになります。

わたしの心のなかに生きつづけるノイノイ。

ノイノイがくらやみにほえていたのは、わたしたちにんげんには見えないいのししをやっつけてくれていたのです。

ありがとうノイノイ。

ノイノイはタイ
語でちいさ
という意味
でもでっかい犬でした。

音楽は
SUPER BUTTER DOG
の「犬にくわえさせろ」

10月のはじめ、スーダラ農場にでかけて、おどろきました。いちめん耕耘機で耕したように、いものつるがひっくりかえされているのです。しばらくぼうぜんと立ち尽くし、畑を見つめているうちに、いのししにさつまいも畑をあらされたのだと、わかりました。さつまいもはまいにちのごはんでたべるので、たくさん植えたのです。鳴門金時300本と干しいもになるという東山を探しまわって、やっと100本見つけて計400本植えました。なのに、はじめてのいのししの被害にわたしはがっくりしてしまいました。

霜降のころ、そらまめをまく

犬のノイノイとねこのたねこ

そう、8月に犬のノイノイが死んでしまったからいのししがやってくるようになったのかもしれません。ノイノイは暑い夏にごはんをたべなくなって、大好きなさんぽにも行けなくなって、死んでしまいました。スーダラ農場は、おうちからちょっとはなれています。でも犬の気配や、さんぽのときのノイノイのおしっこのマーキングがいのししを寄せつけなかったのかもしれないのです。いのししは、どかどかとしたイメージがありますが、性格は臆病で用心深い。臭覚にすぐれていて、ちよちゃんいわくおおかみのおしっこやうんちが嫌いなんだそうです。ふだんは木の実や葛の根っこ、山いもなど野生のものをたべているのに、山にたべものがなくなったからでしょうか。泣きそうな気もちで、さつまいもを植えなおすと、3日後にまたいのししがやってきました。「いちどくると味をしめてまたくる」と豊太郎さんが言ったとおりです。これではほんとうにさつまいもが全滅してしまうと、赤い点滅するひかりの害獣よけを買ってきて棒につるしました。古くから山の民は、魔除けとしていのししの首と足を軒先につるしておいたそうです。また山でいのししをつかまえると、心臓を十字に切り、山のめぐみをいただきますと、山の神さまにお供えし、お祈りしてから持ち帰るのだそうです。たしかに谷相の山の神さまのお祭りのお料理にも、四つ足のものはいけないと言われています。わたしたち人間が、なくしてはならない、いのししという天然自然への畏れの気もちを山の神さまは、教えてくれているのでしょう。

セツローさんの小屋つくりにきてくれている大工の田中憲明さんがこんどは物部村でとれたいのししの肉を持ってきてくれました。その肉を煮込んでたべると、ほっぺたがおちるほど、おいしく、生命力が満ち満ちてきました。あんなに憎んだはずのいのししだったのに。こんどはわたしのからだのなかで、いのししが生きているような気もちになりました。野生のいのししの肉は、わたしの野性も目覚めさせたのです。まるでいのししの生命力がスープになって、からだのすみずみまで、しみわたるように。わたしが、おおきな森に生きているいのししといったいになった瞬間でした。

縄文時代にも
たべられていた
どんぐり。生命力
たっぷりの
たべもの。
アカガシ
アラカシ
シラカシ
植えよう
落ち葉を集めて
腐葉土をつくろう
どんぐりの樹をだきかかえる
たき火をしよう
大きなふくろに
米ぬかと落ち葉
を交互に
何層にも
いれ、
水をかける
ふくろをとじて
太陽のあたる
ところで3ヶ月。
音楽は青葉市子の
♪奇跡はいつでも♪

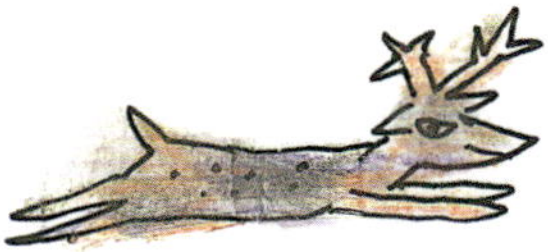

どんぐり 豆腐をつくろう
(カシどうふ・カシ切りどうふ)

高知県東部に伝わるたべもの

つくり方

① アラカシの実をひろって、収穫したあと
お水につけます。

② 乾かしたあと 3日天日干しします。→粉にひいて煮てもよい。

③ カラと渋皮をとった実を一晩水につけておきます

④ たっぷりのお水であくをとりながら、お水をたして、とろとろになるまで煮ます。ざるでこします。

⑤ 冷やしてたべます。 わさびじょうゆで。

ちなみにうちでは韓国でたべたどんぐり豆腐の味が
忘れられず、どんぐり豆腐粉でつくります。

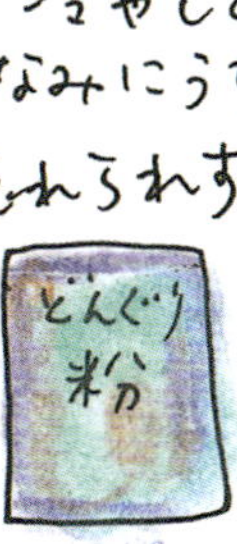

① なべに水とどんぐり粉を入れてかきまぜます
② 弱火でかたくなるまでまぜます
③ バットに入れて冷蔵庫で3時間
④ たれは おしょうゆ・ゴマ油・ネギ とうがらし

わたしが谷相に移住し暮らしはじめたころ、まだ谷相小学校がありました。谷相に帰ってくるとまず目にはいるピンク色のちいさな、かわいい木造校舎。いまはもうないので、目のなかに想うだけで懐かしくてほっと、こころがあたたかくなります。うちのこどもがさいごの入学生になりました。入学式、鯉のぼり運動会、七夕《たなばた》集会、敬老会、大運動会、クリスマス集会、忘年会、新年会、学習発表会、ひな祭り集会、卒業式などの行事のあと、かならず皿鉢《さわち》料理をならべて、村のひとびとと交流するための飲み会がありました。その会ではじめてきこりで猟師の晴一さんに出会いました。

小雪のころ、山の神さまのもちまき。自然のめぐみに感謝

森に生きるひと。晴一さんの、どんぐりのなぞなぞ

テッペイのまき窯の燃料の松の原木を切ってもらったり、いのししが捕れると見せてくれたりしました。晴一さんは森をつくろうと、晩年はどんぐりの種をまいていました。何年かまえのどんぐりの季節に、わが家のお茶の時間にやってきて若者たちに、「どんぐりの森をつくらにゃあ、いかんぜよ」とポケットからどんぐりをだして、説いていました。森にはいって木を切り、いのししを捕ったりたぬきを捕ったり、日本みつばちを飼っていた晴一さんだから、森に生きる、生きものたちのえさがないのを憂えていたのでしょう。じぶんの棚田のいちぶにもたくさんのどんぐりを植えていました。杉の植林

に対して反骨の精神でどんぐりの森つくりを夢見ていたのです。
山の神さまのところに旅立った晴一さんの生きかたにこころが洗われるような気がします。ひとりの静かな抵抗。坂本龍馬の時代から、高知からにっぽんをかえようとするひとがでた土地、高知の気質は、ここ山のてっぺんの谷相にも色濃くうけつがれていま す。おもしろい反骨のおんちゃんたちが、いっぱい生きています。ひとひとりのしごとは、だれにも知られず、けれど、ゆたかな懐かしい未来につながる夢がある、広葉樹のどんぐりの森。そういう懐かしいものを守り、つぎの時代に手わたしてゆく夢の森。

わたしのしごと場のミシンのまえのおおきなけやきの木のしたに、ちいさな花壇があります。去年そこに50㎝くらいのどんぐりの苗木が育っているのを偶然、発見！ おどろいて、鳥肌が！ ぼうぜんと、立ちすくんでしまいました。晴一さんが亡くなって4年。わたしの知らぬまに、どんぐりの木はすくすくとおおきくなっていたのです。かつて、晴一さんがお茶の時間にたしかに、その花壇にどんぐりを植えたことが、走馬灯のように思いだされました。

ひとは亡くなってしまいますが、どんぐりの木はこれから何百年も生きつづけるのでしょう。晴一さんの夢はどんぐりの木になって、きっと、わたしやつぎの世代に紡がれてゆくのです。そして、まるで、ひとのしごとも、種のなかの土地の記憶のように、紡ぎつながってゆくのです。

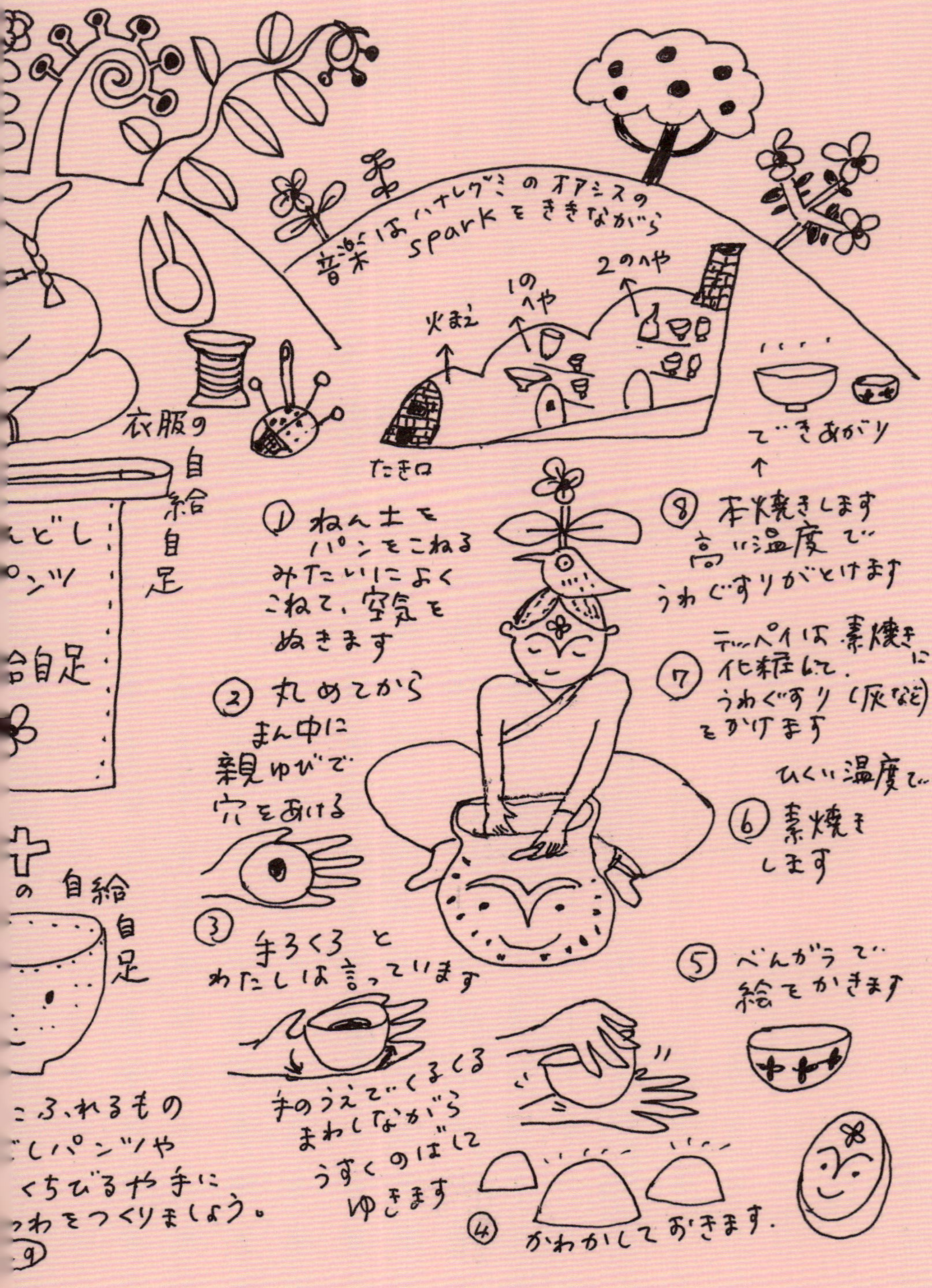

音楽はハナレグミのオアシスの spark をききながら
火まえ
1のへや
2のへや
たき口
できあがり
衣服の自給自足
えどし
ンツ
給自足
の 自給自足
① ねん土を パンをこねる みたいによく こねて、空気を ぬきます
② 丸めてから まん中に 親ゆびで 穴をあける
③ 手ろくろ と わたしは言っています
手のうえでくるくる まわしながら うすくのばして ゆきます
④ かわかしておきます.
⑤ べんがらで 絵をかきます
ひくい温度で ⑥ 素焼きを します
⑦ テッペイは素焼きに 化粧して うわぐすり（灰など） をかけます
⑧ 本焼きします 高い温度で うわぐすりがとけます
こふれるもの
ごしパンツや
くちびるや手に
つわをつくりましょう。

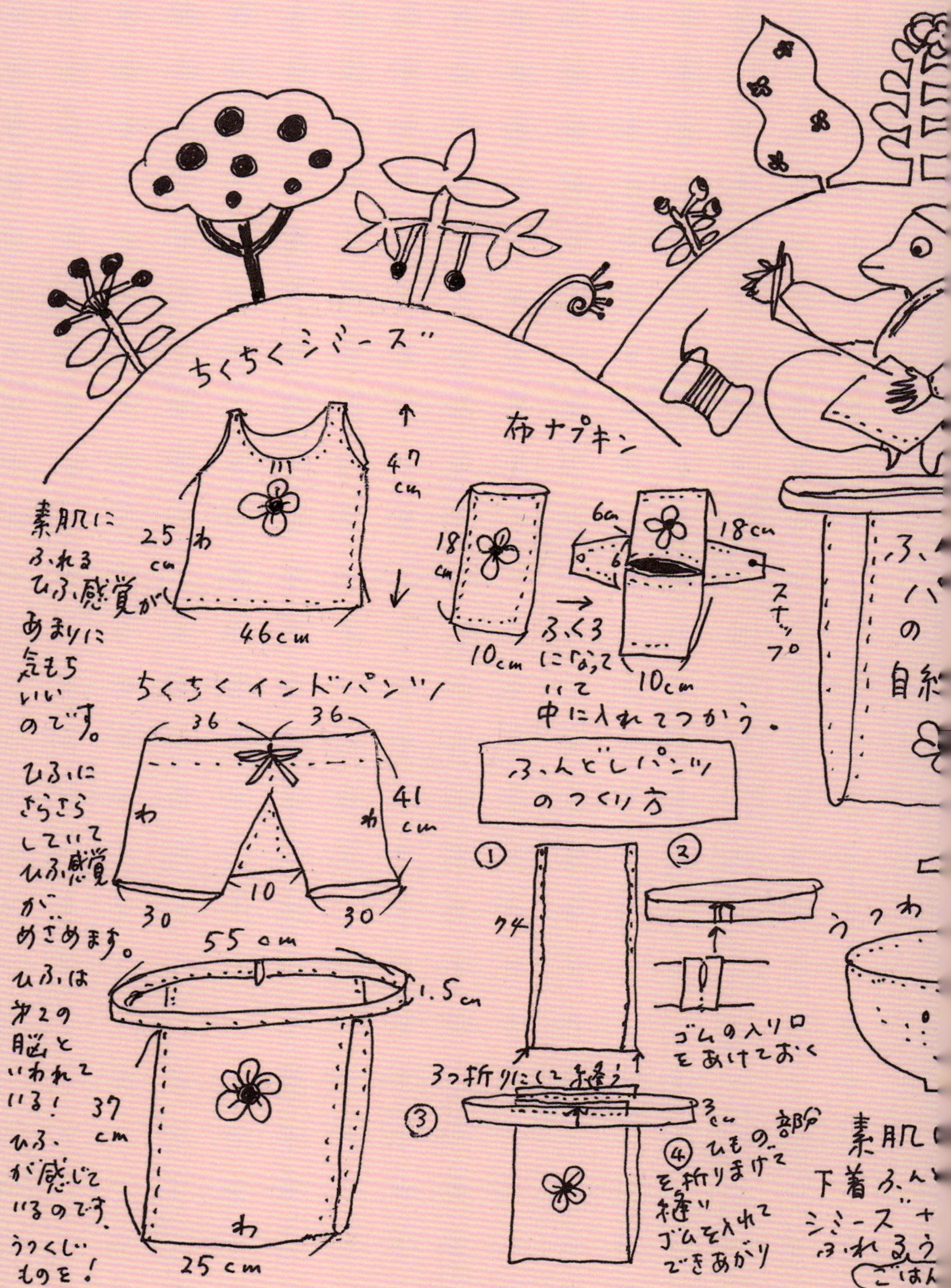
ちくちくシミーズ
47cm
25cm
わ
46cm
布ナプキン
18cm
10cm
6cm
6
18cm
スナップ
10cm
ふくろになっていて中に入れてつかう。
素肌にふれるひふ感覚があまりに気もちいいのです。
ひふにさらさらしていてひふ感覚がめざめます。
ひふは第2の脳といわれている！
ひふが感じているのです。
うつくしいものを！
ちくちくインドパンツ
36
36
41cm
わ
わ
10
30
30
55cm
1.5cm
37cm
わ
25cm
ふんどしパンツのつくり方
①
74
②
ゴムの入り口をあけておく
③
3つ折りにして縫う
3cm
④ ひもの部分を折りまげて縫いゴムを入れてできあがり
うつわ
素肌に
下着ふん
シミーズ＋
ふれるう
ごはん

立冬のころ、えんどう豆をまく

たましいをゆさぶる、うつくしいものつくり

うつくしいものってなんだろう。っていうのが、ものつくりびと、テッペイとわたしの暮らしのおおきなテーマです。たましいをゆさぶるような、うつくしいものをつくりたいと、わたしは衣服を、テッペイはうつわをつくります。日常はしごとが暮らし、暮らしがしごとです。わたしたちは衣服やうつわをアートとして、芸術としてつくりたいと思っています。あちらこちらのギャラリーで展覧会をひらいています。わたしたちのつくるものが、いまの社会の希望やしるべになることができたらうれしいのです。

さてさて、テッペイの陶芸のお弟子になるためにやってきた、たなぽん。おうちがみつかるまで、わが家にいそうろうです。たなぽんはアトピー性皮膚炎なのです。玄米ごはんと野菜の料理がいいということで、うちじゅうがグルテンミートや、生麩、ゆば、おとうふをたべるようになりました。玄米ごはんは平和アルミの圧力鍋にカムカム鍋という土鍋をいれて炊きます。約1時間でもちもちおいしく炊けます。おかげで、たなぽんばかりか、わたしたちのからだも良くなりました。お通じがよくなり、生命力あふれる玄米のちからで、からだにちからがみなぎるようになりました。

このように、たべものはわたしたちのからだにいいもの、安全なもの、オーガニック

なものを選んでいます。たべるものを選ぶように、からだをつつむ衣服、着るものにも気をつけます。とくに女のひとの下着は、ほとんどが化学繊維でできています。化学繊維は石油からつくられていますので、からだの皮膚を、石油製品でつつんでいるようなものです。まず健康になるためには、種をまき、畑を耕し、木を植える。そういう自然によりそう生活のなかで、土に触れたり、葉っぱに触れ、わたしの感覚をとぎすまします。すると、からだにいいものが、すとんとわかるようになります。

うつくしいものは、からだにもいいはず！というのがわたしの持論です。自然な素材で、衣服をつくります。とくに素肌に触れるもの。ふわふわなオーガニックコットンのダブルガーゼ、シルクのはぶたえなどにくるまれると、ゆっくりとろけるように、しあわせ感に満たされます。ちくちく手縫いでつくりましょう。わたしのからだは、世界じゅうでたったひとつの、愛おしくてたいせつな、かけがえのないいのちだとわかります。

種まきびとのおしごと暦　ふゆ

立冬〔りっとう〕十一月七日頃

立冬とは、冬の気配がはじめて感じられるようになるころのこと。木枯らしが吹き、木々の葉がおち、こよみのうえでの冬のはじまりです。お茶の花が咲きます。つるし柿をつくります。たまねぎの苗を植えます。春にとる、えんどう豆の種まきをします。

小雪〔しょうせつ〕十一月二十二日頃

小雪とは、冷え冷えとし、小雪がちらつきはじめ、ほんとうの冬の到来を告げるころのこと。谷相の山の神さまのお祭り。山に鹿の鳴き声がひびきわたります。こんにゃく芋を掘り、こんにゃくつくりをします。

大雪〔たいせつ〕十二月七日頃

大雪とは、雪がたくさんふり、どんどん冬らしくなるころのこと。種の神さまにごちそうしたり、お風呂にはいってもらう、能登に伝わる、「アエノコト」もこのころ。ほし芋つくりをはじめます。このころ薪ストーブを焚きはじめます。

冬至［とうじ］　十二月二十二日頃

冬至とは、いちねんで、昼が最も短く夜が長い日のこと。ふゆ、たまふゆるというとおり、見えない土のなかで、たましいが、ふえるとき。生きもののたましいがうごめいています。からだのうちがわをあたためる、ゆず風呂にはいり、かぼちゃや冬瓜をたべます。さいごの山の神さまのお祭りがあります。

小寒［しょうかん］　一月五日頃

小寒とは、寒さがすこしずつ、きびしくなる時期のはじまり。「寒」の入り。この日から節分までが「寒」。谷相では寒さがましてきます。きじがはじめて鳴きます。春の七草がゆをいただきます。畑の土が凍るので、畑はおやすみします。畑のいちねん計画をたてます。ぶんたんがおいしくなるころです。

大寒［だいかん］　一月二十日頃

大寒とは、いちねんで、いちばん寒さがきびしいころのこと。「寒」の真ん中にあたり、これから春へむかうころでもあります。チベットからやってくる渡り鳥のじょうびたきが庭にやってきます。高知ではめひかりの干物がおいしくなるころ、きんかんを収穫します。ほうれん草がロゼット化して根っこがあまくておいしくなります。

やまのかみさま
かんのんさま
あまがたき
お地蔵さま
を焚く
かみさま
らあげ
まき窯は火を入れると3日間、焚きつづけます。火のかみさまにおいのりしながら。
ふたつめのへや
土から生まれるやきもの。原始の時代からわたしたち人間は、土からうつわをつくってきました。やきものを焼くしごとは、原初的なしごとです。火は、かみさま。お天気。風。まき。いろいろな要素がからみあって、いい窯ができあがります。土と火への祈りのときです。
えんとつ
まき窯のときみる太陽ののぼるちょっと前の、谷相は、すばらしい風景です。群青色の谷相。陽がのぼる前の一瞬のときをカワタレ時というんだそうです。カワタレ時の谷相のうつくしさは、ことばではいいあらわせません。自然が、山がかみさまだと感じます。
や)
横から焚く(2のへや)
♫音楽は きんとんうん Pascalsをききながら♫

こんぴらさま
大元神社
さんぽうさま
いいしごと
ができますように。
ものつくりも
かみさまへの
おいのりと
いっしょ。
いのりの
しごとです。
土といのる。
布といのる。
いのりの日常です。
まき窯べんとうのメニュウ
おむすび三種 ・ごましそうめ
おかか
・とろろ
・さけ
グルテンミート・大豆ミートの
たまごやき
（卵は、うちとやえちゃんち）
ほうれん草と春菊の
しらあえ
レシピは「壇まきびとの台所」にのっています！
まき窯
やまの
ひとつめのへや
火前のへや
ボタン
火前から焚く
横から焚く（1の

ここ谷相はインドのチベット人の町、ダラムサラに似ています。山のてっぺんに続く、くねくね道。のぼってゆくとダライ・ラマ14世のお寺があります。おおくのチベット人の祈りの声がこだまするお寺のなかにいると、ふしぎな感覚になります。お経を唱える声がからだにここちよく、すーっとはいってきます。祈りは、あちらの世界とこちらの世界をつなぐものです。わたしたちは、見えないものと見えているものの世界をいったりきたりして生きているのです。

谷相にもいちねんにいちど山の神さまをお祀りする季節がやってきます。もろぶたに

立冬までにたまねぎの苗を植える

山の神さまにお祈りしながら、薪の窯たき

ごちそうをならべてお神酒《みき》とともに、山に持ってあがって、神官さんのお祈りのあとみんなでいただきます。お餅はみんなのおうちから餅米を集めて、お餅つきをしてまるめます。準備するおとうやさんはたいへんですが、餅まきは楽しくて、あっちへこっちへと、お餅をつかまえようと走りまわります。谷相にやってきて16年間観察していると、じつはみなさんはじーっとしたを見てひろいます。転げて地面におちたお餅をひろうのです。おじいさんとおなじお餅をひろって、ごっつんこしては、お互いに顔を見あわせて笑い転げます。からだもこころも一瞬のうちにうごきまわってぽかぽか、あたたかく

なります。

いつもこの時期に、わが家はつれあいのテッペイが薪の窯たきをします。テッペイは焼きものを生業《なりわい》にしていて、いちねんに数回薪窯をたきます。窯づめや、窯たきのあいまに、山の神さまへとでかけます。ところが薪の窯のお手伝いのひとが大人数で忙しくて、とうとう山の神さまにはでかけることができなかったのです。とてもこころのこりでした。谷相にやってきて、山の神さまのお祈りにでかけられなかったのは、はじめてのことです。

このとしは3・11のあと、大津波の被害や福島原発の事故のゆくえに、こころがざわざわしてなにをするのも手につかなくて、よりどころがなくおちつきませんでした。そんなとき、無意識のうちに針と糸をもって無心にちくちく縫っていました。ちくちくものつくりすることが祈りだと気づき、はっと、わたしをとりもどしました。テッペイにとっては、ろくろをまわすことが祈りだったのです。うたをうたうひとは、うたうことが祈りだったでしょう。もの書きのひとは、ものを書くことが祈りになり、まいにちのごはんをつくることが、祈りになる。山の神さまにはでかけられなかったけど、ほんとうにちくちくしながら、種をまきながら心底祈った2011年だったことを思いおこしました。

きくたくた
くつ下

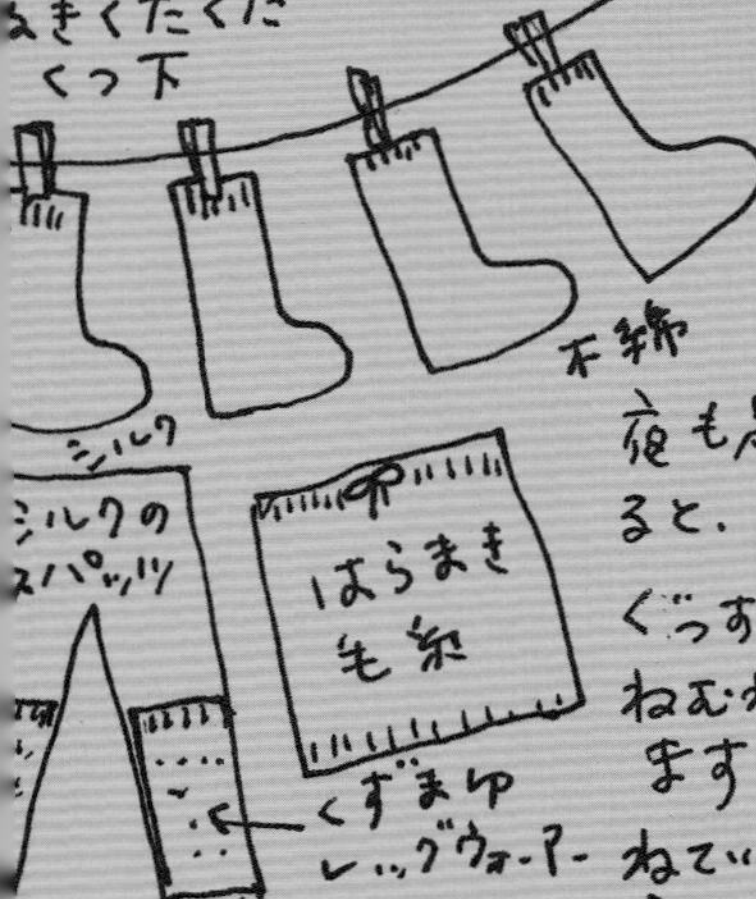

冷えとり健康法の
衣食住
イロハ

住

夜も足をあたためると、ぐっすりねむれます。ねているうちに冷えとりできます。

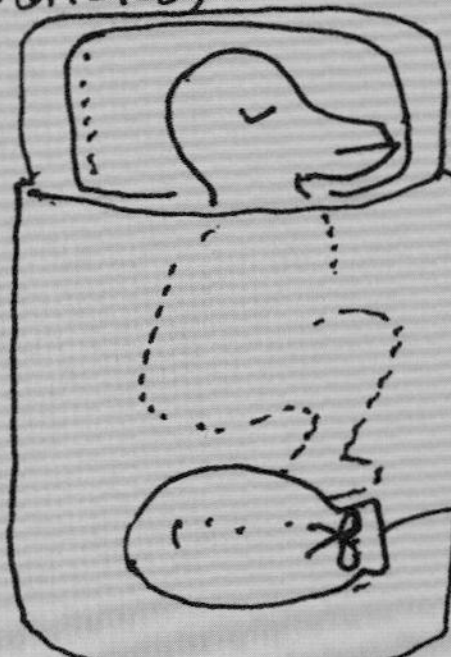

たゆたゆのにちにち

ねむるときのおふとんのしあわせ 湯たんぽ。

お風呂で半身浴

37℃~38℃のお湯に20~30分ゆっくりつかっています。(胸から下だけ)

お風呂からでたらまず、くつ下からはきます。

からだの調子がわるいときは、いつもより長くお風呂に入ります。

冷えは万病のもと。冷えると、血のめぐりがわるくなるのです。気のめぐりもわるくなるそうです。

食

をあたためるものをたべる

菜　ニンジン　大根　ごぼう　レンコン　いも

・海藻・キノコ

酵食。。　みそ　ぬか漬け　納豆　ヨーグルト

米　精白、精製していないもの

べすぎ = 冷え。腹八分目にする

汁をとって あたたかい
ものを たべる。

音楽は ううじんの(植える人の意味) すりしない をききながら

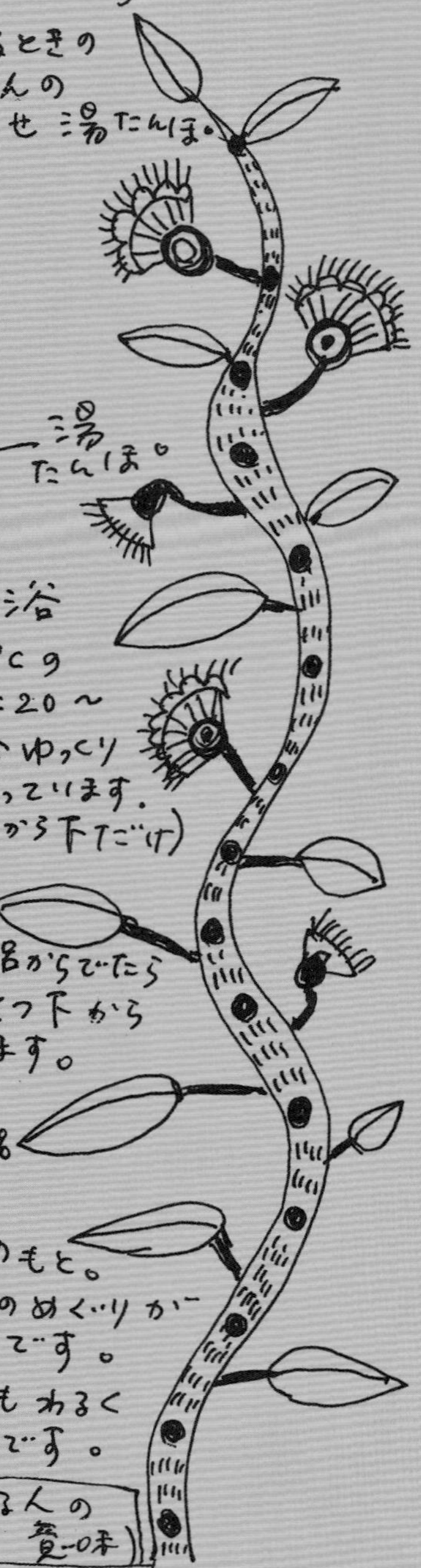

ゴムめ
衣
ウール
上半身はうす着。
下半身をあたためる。
5本指 シルク
毛糸のパンツ
からだをしめつけない衣服を。
天然素材でゆったりとしたものを。
冷えと
からだと衣服のあいだに空気がたっぷり入るようなゆるやかな衣服をみにつけましょう
化学繊維はからだによくないのです。
陶器の湯たんぽ
毛糸のパンツ＋毛糸のはらまき
くすまゆレッグウォーマー＋毛糸のレッグウォーマー
くつ下のかさねばき
①
②
③
④
表 木綿
うら シルク
5本指くつ下
木綿のくつ下
ウールのくつ下
手編みくつ下

小雪には落ち葉をあつめて堆肥つくり

冷えとり健康法で、あたたかく暮らす

いちねんでいちばん寒い谷相の2月。棚田が雪でまっ白になると、きこりの晴一さんが猟銃を持って、狩りにでかけたのを思いだします。雪でいちめんがまっ白くなると、いつもは見えない、うさぎやたぬき、いたちやあなぐまなどのけものの足跡が見えるんだと、こどものように言うのです。ほんとうかなと、雪のふった日にそとを歩くと、かわいらしいちいさな足跡が続いています。雪の棚田はうつくしく、いまでも息をはあはあさせながらほっぺたを赤くして話す晴一さんの顔が目に浮かびます。寒い日でも夢中になって、けものを追いかけると、寒さも忘れます。熱中してからだをうごかすことが、最もあたためる方法だと思います。いまは、もう晴一さんはいないのだけど、晴一さんのセーターをほどいて編み直した青い色のくつ下を奥さんのやえちゃんにもらいました。やえちゃんは谷相のひとびとに手編みのくつ下を編んでおくりものにしています。わたしが冷えとり健康法をしているのを見て、「あんたのくつ下見せて」とじぶんで編んでくれ、たくさん手編みのくつ下をもらいました。けれども、晴一さんのセーターで編んだくつ下は、はくことができなくて、わたしの大好きな晴一さんの思い出とともにお守りになって、たからもの箱にたいせつにしまってあります。

冷えとり健康法というのは、進藤義晴さんというお医者さんが提唱している健康法です。足や下半身をあたためて、わたしたち人間の自然治癒力をたかめるのです。からだの体温が1℃あがると免疫力は10〜20%あがるといわれています。

「冷えとり健康法①」まず、基本はくつ下のかさねばき。絹の5本指くつ下、もめんのくつ下。ウールのくつ下。手編みの毛糸のくつ下。5、6枚はきかさねて、くずまゆレッグウオーマーをします。寒いときは、シルクのスパッツや、さらに手編みのレッグウォーマー。アルパカ毛糸の手編みの腹巻きやパンツ。

「冷えとり健康法②」つぎに半身浴。腰までつかって、汗をかくまで、ぬるいお湯に30分くらいつかっています。汗がでるコツは冷たいお水を口にふくんで、くちゅくちゅして、顎下腺《がっかせん》を刺激します。本や雑誌をもってお風呂にはいってゆっくり、のんびり読みます。

「冷えとり健康法③」肝心なのは、からだをそとからあたためるだけではなくて、うちがわからあたためることです。冷たい飲みものやたべものじゃなく、あたたかい飲みものとたべものがたいせつ。しょうがやネギやれんこん、ごぼう、大根、にんじん、にら、らっきょうをたくさんたべます。ごはんとおみそ汁をいつもたべられるように出汁《だし》を用意しておきます。腹八分目がだいじ。わたしのからだが気もちいいと、おっとり、ゆったりとしたこころもちになります。からだとこころはつながっているのです。いいことはどんどん伝えて、ひろめてきました。おかげでぐるりは、やえちゃんの毛糸のくつ下とともに足もとがもこもこして、ぽかぽかな冷えとりびとがふえています。

遮光器土偶
BC1000年ごろ
祈りの
気もち
の巻
テッペイに似てミャンマーのぶつぞう
板状土偶
BC1300年ごろ
いさなぶつぞう
海の
上をみる
ぶつぞう
ンマー
わたしの大切なちいさなぶつぞう
タイのぶつぞう
ラオスのぶつぞう

ちいさな土偶
板状土偶
BC3000年ごろ
音楽は七尾旅人の検索少年
BC2100年ごろ
立像土偶
わたしに似たタイのぶつぞう
ゾウの神さま
ガネーシャ
芸術の神さま
コブラに守られた水の神さま
ナーガ
ミャンマーの神さま
耳のないぶつぞう
ラオス
インド
インド

山の神さまにゆくと、かならず手をあわせて祈ります。こころがすがすがしく、気もちがよくなるのです。田んぼや道のとちゅうにもちいさな祠《ほこら》があると、つい手をあわせます。

もともと、ちいさなぶつぞうが好きです。タイやミャンマーやラオスのちいさなぶつぞう。木を削った、ちいさなぶつぞうを部屋においています。アジアを旅するこどものぶじを祈り、まいにちお祈りします。わたしが旅するときは、ちくちく布にくるまって、かばんに入れていっしょにでかけます。

冬の寒さがましたら、ほし芋つくり

ちいさなぶつぞう。ちいさな土偶。祈りの気もち

タイのバンコクのお寺で。ネパールのカトマンズのお寺で。ブータンのティンプーのお寺で。ミャンマーのヤンゴンのお寺で。大好きなぶつぞうを見ていると、まるでぶつぞうに見つめられているかのようです。時間がとまったような瞬間がうれしくなります。とくに、ミャンマーのぶつぞうは、みんな微笑んでいて、やさしい顔をしています。男のひとだけど、くちびるがにんまりしていて、すこしからだつきも、きゃしゃで、なまめかしいのです。

もうひとつ、ちいさな土偶も大好きです。土偶はアニミズム的な精霊のようでもあり

ます。かわいい土偶たち。

先日、滋賀県の信楽にあるミホミュージアムで、縄文の土偶展を観ました。ミミズクのような顔の土偶。ゴーグルのような眼鏡をかけた土偶。妊婦のような土偶。自然を超越した生命力にあふれていて、とてもへんてこりんです。にっぽん人という民族の祖先は、アフリカや、アボリジニや、ポリネシアとおなじ根っこをもつんじゃないかと想うと、これもまたわくわくします。縄文人が鹿、いのしし、くまなどを捕ってたべるとき、土偶は精霊をしずめるための、狩猟民族のおまじないだったのかもしれません。

原始時代には、見えるものと見えないものの世界がひとつにつながっていました。縄文人はあの世とこの世を自由にいききしながら暮らしていたと土偶を観るとイメージすることができます。

ちいさなぶつぞうは男のひと、ちいさな土偶は女のひと。どちらも祈るためのかたち。豊穣祈願だとしたら、秋の谷相のお祭りと気もちはおなじです。自然はきびしく世の中は不条理に満ちているからこそ、祈りがひつようです。ひとりひとりのこころのなかに、ちいさなぶつぞうやちいさな土偶がひつようなのです。ブータンのひとびとは、じぶんのためにお祈りするのではなく、みんなのしあわせを祈るといいます。「世界がぜんたい幸福にならないうちは個人の幸福はあり得ない」。宮沢賢治のことばがこころにひびきます。ひとがひとのために祈るかたちは、縄文時代もいまも、永遠にかわらないひとのかたち、ぶつぞうや土偶なのです。

たき火
自然エネルギーで暮らそう
鉄びん
火鉢は
テッペいの
焼きもの
火鉢《ひばち》
灰ならし
火ばし
五徳
炭は下本一歩
くんのもの
灰はだいじ
灰をとってすく
釉薬
畑の肥料
灰汁をつくる
あく
こんにゃく
つくり
おそうじ
まきの香りがしあわせ
薪のお風呂
チェーンソーで切る
薪つくりで からだがぽかぽか

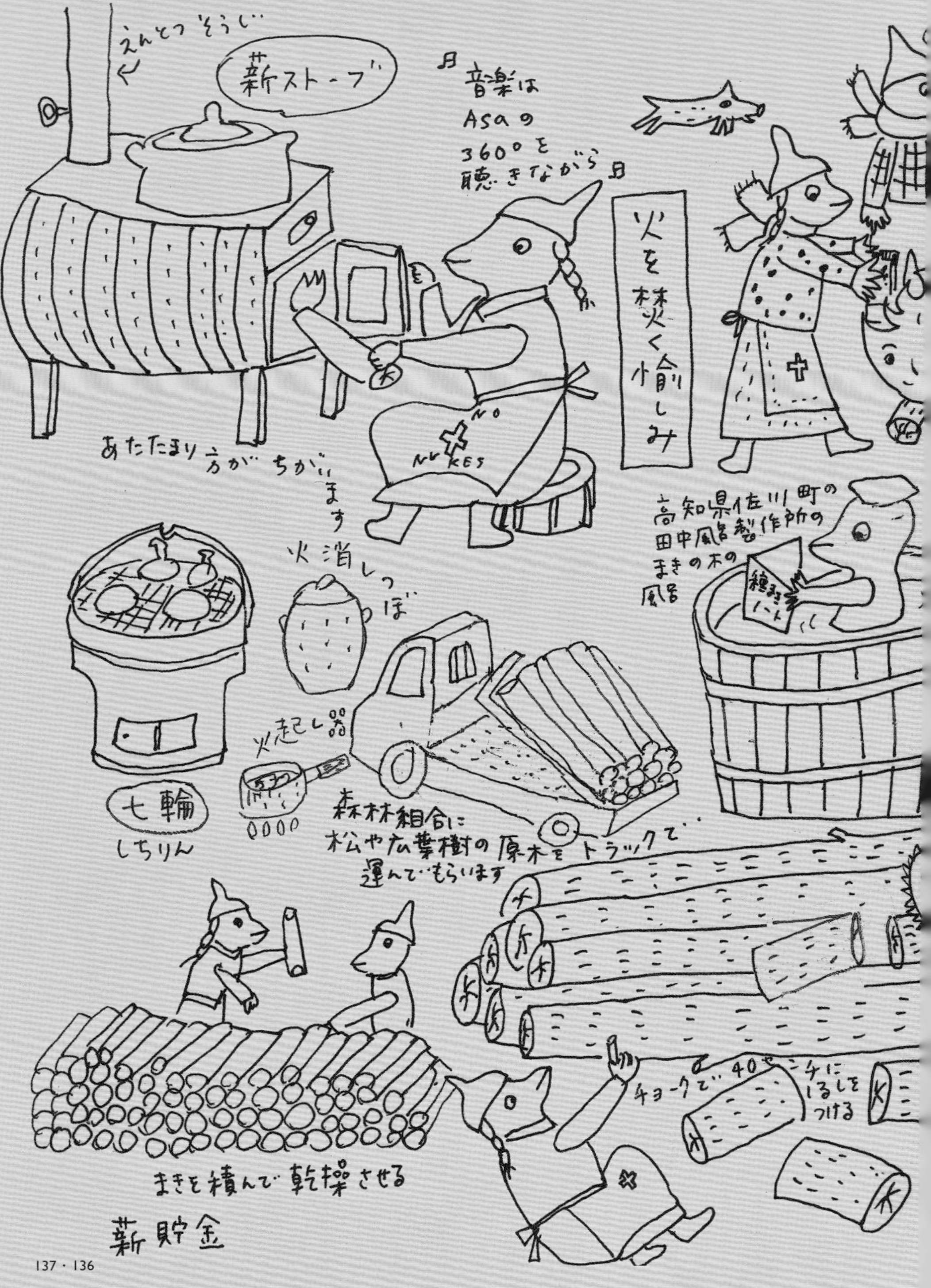
えんとつそうじ
薪ストーブ
音楽は
Asaの
360°を
聴きながら
火を焚く愉しみ
あたたまり方がちがいます
火消しつぼ
七輪
しちりん
火起し器
森林組合に
松や広葉樹の原木をトラックで
運んでもらいます
高知県佐川町の
田中風呂製作所の
まきの木の
風呂
まきを積んで乾燥させる
チョークで40センチにしるしをつける
薪貯金

大雪には薪ストーブを焚きはじめる

火を焚く愉しみ。薪と暮らす、あたたかな生活

火を焚く暮らしをしましょう。冬には薪と暮らすあたたかな暮らしが愉しみです。谷相では、まいにち3時を過ぎると薪のお風呂を焚く煙がたなびきます。煙があっちこっちからのぼると、ああゆたかだなと思います。いちにちのおわりに、薪のお風呂にはいってほっこりするのは、なんとすてきなことでしょう。お風呂の時間は、このうえもないしあわせのときです。おまけに薪のかおりが村じゅうに漂っています。たまに雨の日に薪で焚くのをさぼって灯油のバーナーで焚くと「あったかくないよー」とこどもたちが文句を言います。薪の火のお湯はからだのあたたまり方がちがいます。からだの表面だけではなく芯からぽかぽかあたたまるのです。

薪ストーブもまた、火を焚く愉しみのひとつです。夜薪ストーブのぐるりに家族が集まってきます。ストーブのうえには、くつくつおいしそうなにわとりのスープや煮豆がのっているからです。ことこと夜のあいだに煮込んでくれるので、やわらかくおいしくなります。これも台所のガスの火とはだんぜん、味がちがいます。

火鉢もあると楽しいあたたかさです。テッペイの焼きものを使っています。こちらで使うのは炭です。いちにちじゅう、鉄瓶にお湯がわいていますので、まほう瓶にお湯を

いれておきます。ちなみににっぽんじゅうのおうちが電気ポットをやめると、原発3基分の節約になるそうです。薪の暮らしは自然エネルギーです。自然によりそう昔ながらの生活は気もちいいのです。火鉢のお湯も、お茶にするとちがいがわかります。おなじお茶でもおいしくなります。七輪もまた炭火の料理にかかせません。タイ料理ガーイヤーンという焼き鳥は七輪の炭で焼くと、すばらしくこうばしいのです。焚き火も山の神さまのお祭りではかならず焚きます。小枝や落ち葉でからだじゅうがあたたまり、草木の焚き火の香りにつつまれます。

薪の火を見ていると瞑想のようにこころがおちつき、いまここに生きているじぶんをとりもどすことができます。人間は火を見て鎮まる生活が、ひつようだとわかります。きっと原初の火が暮らしに安心をもたらしたからでしょう。

火を焚くと、さいごに灰がとれます。この灰はじつに役に立つ、すぐれものです。灰は畑にまいたり、果樹にまくほか、テッペイの焼きものの灰釉になります。灰を煮て灰汁《あく》をつくると、台所の洗剤のかわりに使えます。さらに染めものやこんにゃくつくりにも使えます。この灰汁でこんにゃくをつくりました。やえちゃんのこんにゃくいもを圧力鍋で煮てぬるま湯とミキサーにかけてよく練り、灰汁をいれ固めます。とてもおいしくできあがりました。

木はわたしたち人間に木陰をつくり、薪になってあたためてくれ、たべる実をもたらし、さいごに灰をくれます。余すところなく循環する、木のおくりものに感謝です。

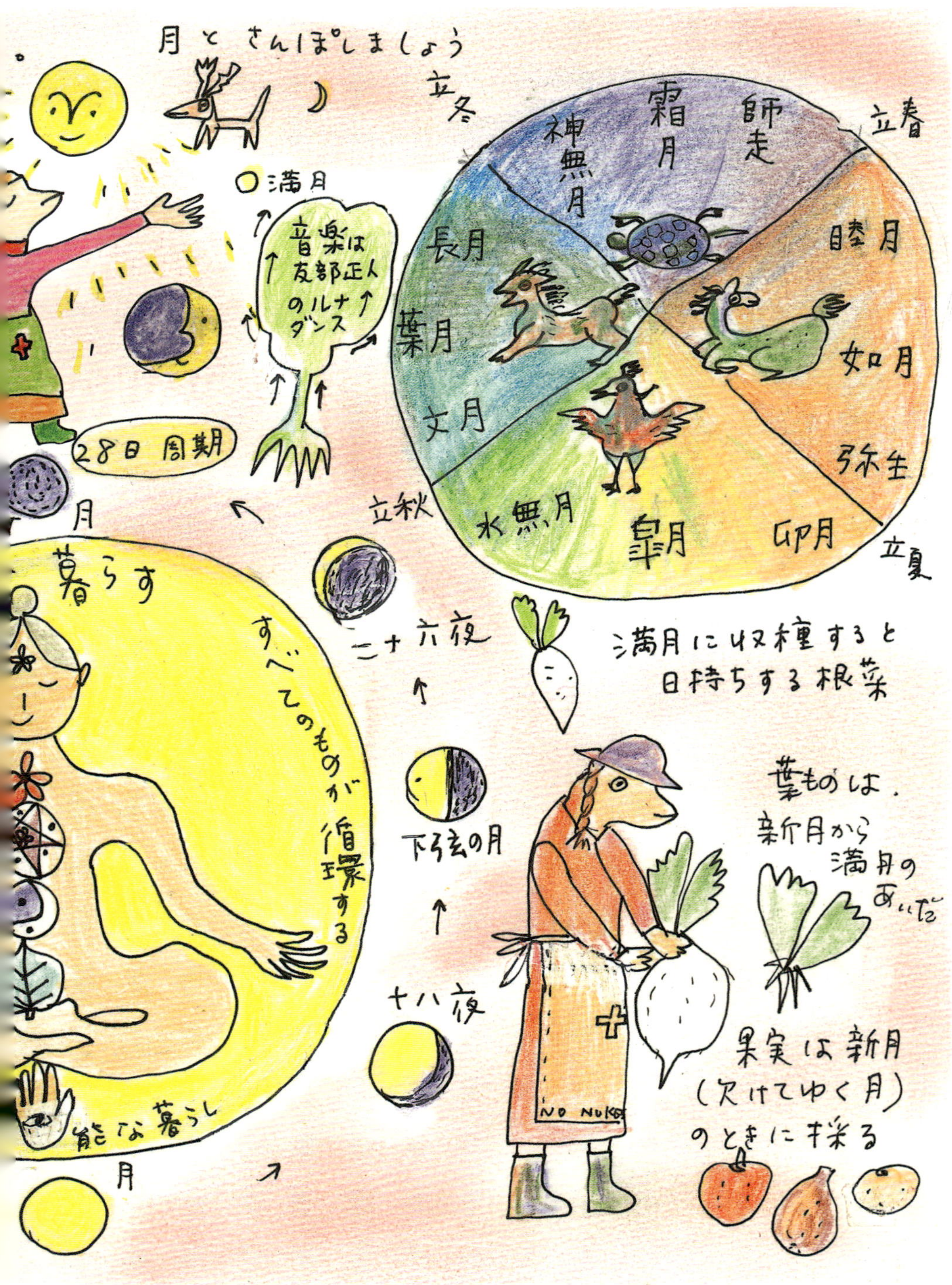
月とさんぽしましょう
満月
音楽は友部正人のルナダンス
28日周期
月
暮らす
すべてのものが循環する
能な暮らし
月
立冬
霜月
師走
立春
神無月
睦月
長月
如月
葉月
文月
弥生
立秋
水無月
皐月
卯月
立夏
二十六夜
満月に収穫すると日持ちする根菜
下弦の月
葉ものは新月から満月のあいだ
十八夜
果実は新月(欠けてゆく月)のときに採る
NO NUKES

月のカレンダーを使いましょう。
二十四節気
冬
冬至
小寒
大寒
立春
啓蟄
春分
清明
穀雨
立夏
小満
芒種
夏至
小暑
大暑
立秋
処暑
白露
秋分
寒露
霜降
立冬
小雪
大雪
春
夏
秋
270 285 300 315 330 345 0 15 30 45 60 75 90 105 120 135 150 165 180 195 210 225 240 255
新月
樹液が根に
三日月
上弦の月
十三夜
月とともに
女のひとの生命
満月の種まき
月のリズム農法
満月
大根 かぶ
じゃがいも
根っこのもの
新月
新月の種まき
ほうれん草、小松菜、べか菜
葉っぱのもの
♪音楽はBo GUMBOS
のポケットの中♪
をききながら

月と暮らす。からだは、月とつながっている

月とともに暮らしてみます。満月の日には月光浴をしましょう。月のひかりを浴びてさんぽすると、丹田にちからがわいてきます。深い鈍色《にびいろ》の谷相を歩きます。満月のさんぽは、影が見えるほど明るいのでうきうきします。満月の日がうれしくて待ちどおしくて、まいにちの月のかたちを、たしかめます。住みはじめてすぐのころ山の神さまのおとうやをひきうけました。お祭りの日にちは「きゅうの５日」と言われました。理解できなくてカレンダーを持ってゆき、英男さんにたずねると、なんとカレンダーがちがうことに気づきました。谷相のみんなは旧暦(月の暦)のカレンダーを見て日にちを言っていたのです。だからなんど訊いても日にちがちがうのです。

いまわたしたちが、暮らしのなかで使っているカレンダーは太陽暦または新暦といわれるものです。旧暦は月の満ち欠けをもとにしたカレンダーです。さっそく、谷相のひとびとのように、旧暦を手に入れて暮らすようになりました。旧暦で暮らすと、２０１３年のお正月は2月４日の新月の日になりました。おだやかな、あたたかな、いちにちでした。梅の花がひらき、めじろがさえずるような、初春の日です。月の暦のほうが、季節とぴったりでこちらのほうがお正月といった感じです。また、谷相のひと

の種まきのめやすとなる農事暦もまた、月の暦によるものです。

種まきも満月がいいといわれています。月のやわらかいひかりが種の発芽を助けるのだそうです。種まきにぴったりなのは、雨のあとの満月のひかりのときです。さらに収穫するのは満月から新月にかけて。かんきつの果樹の剪定は新月がいいといわれています。なるほどそう聞くと畑しごとには、月の暦がひつようです。

たしかわたしのお産も満月の日の満潮の時刻でした。月の引力が海の潮の満ち引きに関係しているのです。だから人間のお産も、月の満ち欠けによる影響がおおきいと産婦人科医の友人に聞きました。つまり月の満ち欠けは自然のリズムと呼応しているのです。旧暦は月の満ち欠けを一ヶ月の単位とします。月が地球のぐるりを一周する、その単位が女のひとの生理の周期とおなじなのです。

満月は吸収、新月は放出しているといわれています。わたしは、お風呂で半身浴すると、満月のときより、新月のときのほうが、汗がたくさんでます。また満月にむかうときはものをつくりたくなり、新月にむかうときはそうじしたくなります。月はわたしたち人間のからだとこころとも密接につながっています。わたしたちのからだこそ、自然です。月とともに自然のリズムを呼び覚ましましょう。月と暮らし、自然に回帰するのです。そう、月は子宮と呼応する生命力であり、自然界すべてとつながっているのです。

冬至には、ゆず湯にはいり、かぼちゃをたべる

ダライ・ラマ14世のお話『世界を自由にするための方法』

アジアの旅で見かけたチベット人の衣服がかわいいので、チベットへの旅を夢見ていました。ダライ・ラマ14世が住むインドの北、ダラムサラには、チベット亡命政府があります。2011年、わたしは家族とダラムサラを旅しました。チベット博物館にゆき、チベット人の歴史をはじめて知りました。1959年にラサからチョモランマ(ヒマラヤ)を越えてインドに亡命したひとびとの歴史。こどもの通う京都精華大学で、ダライ・ラマ14世の講演会がありました。芸術家と宗教家のための『世界を自由にするための方法』。これはでかけなくちゃと、テッペイとしごとを休んで、参加しました。ダライ・ラマ14世は、にこにこ微笑みながら、学長らと手をつないで登場。寒いからと、肩にかける、えんじ色のウールのショールをもらい、身にまとうその所作のひとつひとつがチャーミングで、しなやかで、うつくしいのです。

生徒との対話では「地球に住んでいる人間家族のみなさん、この地球は政府や政治家や役人や国家のものではなくて、わたしたち70億ひとりひとりのものです。地球のうえに生きるひとりひとりがつくっているのです。わたしたちひとりひとりは、まったく平等です。わたしの時代20世紀は物質がゆたかになったけれど、暴力の横行した時代でし

た。21世紀は精神の時代。若いひとびとがこころのゆたかな社会へとかえてくださいと。また作家よしもとばななさんとの対話では、「芸術はひとびとを解放してくにをも飛びこえて、自由に生きやすくするもの。にっぽんは第二次世界大戦中、広島、長崎に原爆をおとされました。被爆経験があるのは、にっぽん人だけです。核廃絶を訴えて、世界の平和運動をになう表現者になってほしい」とおっしゃいました。

わたしはじつは、世界を自由にする方法をいちばん、強く祈っているのは、法王みずからなのだと実感しました。こうしている間にもチベット人が独立を訴えて、焼身抗議していいます。法王はくにを追われるという悲しい体験のなかから、憎しみや怒りをのりこえて、他者を許し、慈しみのこころをと、訴えておられるのです。だからこそ、世界のさまざまなひとびと、学生、芸術家、科学者との対話をとおして、非暴力の世界の実現をお話しされているのだと。

他者への理解はイメージするちからと、慈しみ、わたしはあなたであると思うことだと言われました。身近な家族のなかから、このことを実行しようと思いました。やがて家族の集まりが村をつくり、社会をつくり、くにをつくるのだから。追われてくにのないダライ・ラマ14世のことばは、ヒマラヤのてっぺんでぽとりぽとりとわきでたお水が、こころにしみわたり、まるでわたしのからだを清らかなわき水の透明感でうるおわせてくれたかのようでした。

種の神さま
夜の場合は あかりを ともす
②
まるで姿が 見えている かのように 「道がぬかる んでいて あぶのう ございます」と おんぶする。
アエノコト
すごろく
くわ
「一年間の 田の土と汗 を流してください」
甘酒
酒
おさしみ
④
おせなかを 流しましょう
くりの木の長い はし
ハチメ
「お寒うございました。ゆっくり あたたまって ください。」
③

種もみ俵
2月9日まで、ここに
床について おやすみしたら
お供えのおさがりを
みなで いただく。
生命力の高い
たべものを
いただくのは
谷相の
山の神さまも
いっしょ
です。
⑥
種の神さま
ふたまた大根
田の神さまは
夫婦
種もみの
化身
田の神さまを
お呼びする。
種も
煮しめ
小豆飯
なっとう汁
「田の神さま、
ながいあいだ
ごくろうさまでした。
お迎えに
まいりま
した」
♪星野源の
穴を掘る♪
くり
ぎんなん
黒豆
こんぶ
①
12月5日
⑤
みい
ごちそうを

小寒にはいちねんの畑地図をつくる

種の神さま、種の市

石川県の能登には、アエノコトという田の神さま、種の神さまのお祭りがあります。12月5日の夕方、かみしもすがたの家の主人が、目の見えない田の神さまをおんぶして連れてきます。まるで神さまのすがたが目に見えているかのように「足もとに気をつけて」と言いながら。田の神さまは、種もみの化身で、稲わらで目をつかれて目が見えないのだそうです。おうちのひとみんなでお出迎えして、まず手をとりお風呂にはいってもらい「お湯加減はいかがですか。熱いですか。ぬるいですか。ゆっくりはいってくださいい」と言いながら背中を流すのだそうです。それから座敷にお招きしてごちそうをひとつずつ説明して、たべてもらいます。さいごに寝床である、種もみ俵へ案内して冬のあいだ休んでもらうのです。こうして迎えた田の神さまはあたたかくなる(翌年2月9日)まで家にいて田んぼにもどられるのです。そう、アエノコトはにっぽんの神さまの原型のようなこころあたたまる、種のお祭りです。

谷相にも、山の神さまのお祭りごとがいちねんを巡ります。春になると山の神さまが山から降りて、田の神さまになります。そして冬には山の神さまとなって山へ帰ります。神さまへのお供えものは、なにか特別な生命力のあるたべものです。だから村びととわかちあって、たべるのです。ここ谷相では、相互扶助のちいさな共同体が、いまも生きていて、「おとうやさん」と呼ばれるおうちがいちねんに8回の山の神さまの行事を守っています。

東京では現代の種のお祭り、冬の種市《たねいち》がひらかれました。いままでは種にまつわる種採りの岩崎*さん、野口さんが招かれお話し会をかさねてきました。今回は田口ランディさんと丹治史彦さんとわたしのお話し会。在来種、固定種の野菜、たべもの、種を求める若者がたくさんならびました。ちかごろ東京の若いひとたちのこころのよりどころになっているのが種です。自然からはなれた都会のなかで、危機感を持つひとが、人間は土なくしては暮らせないと、いまようやく気づきはじめたのでしょう。

3・11のあと帰農生活や、田舎暮らしにあこがれをもつ若者たちが、ふえています。どんな時代になろうとも、種さえあれば、土さえあれば、だいじょうぶという、安心があるからです。種の神さまをお祭りするアエノコトは種に宿る精霊への祈りです。現代のひとのこころにも、種の精霊への祈りや、種壺《たねつぼ》が、ひつようなのかもしれません。種壺はもともと、つぎの世代へのいのちの糧《かて》のもと、種を入れて、代々伝えるものでした。種壺は未来へのおくりものだったのです。ひとりひとりが、こころに種壺を持つこと。種のように、わたしたち人間もまた土に還る存在であると、きっと、わかっているからでしょう。

*岩崎政利さん、著書に『岩崎さんちの種子採り家庭菜園』（家の光協会）

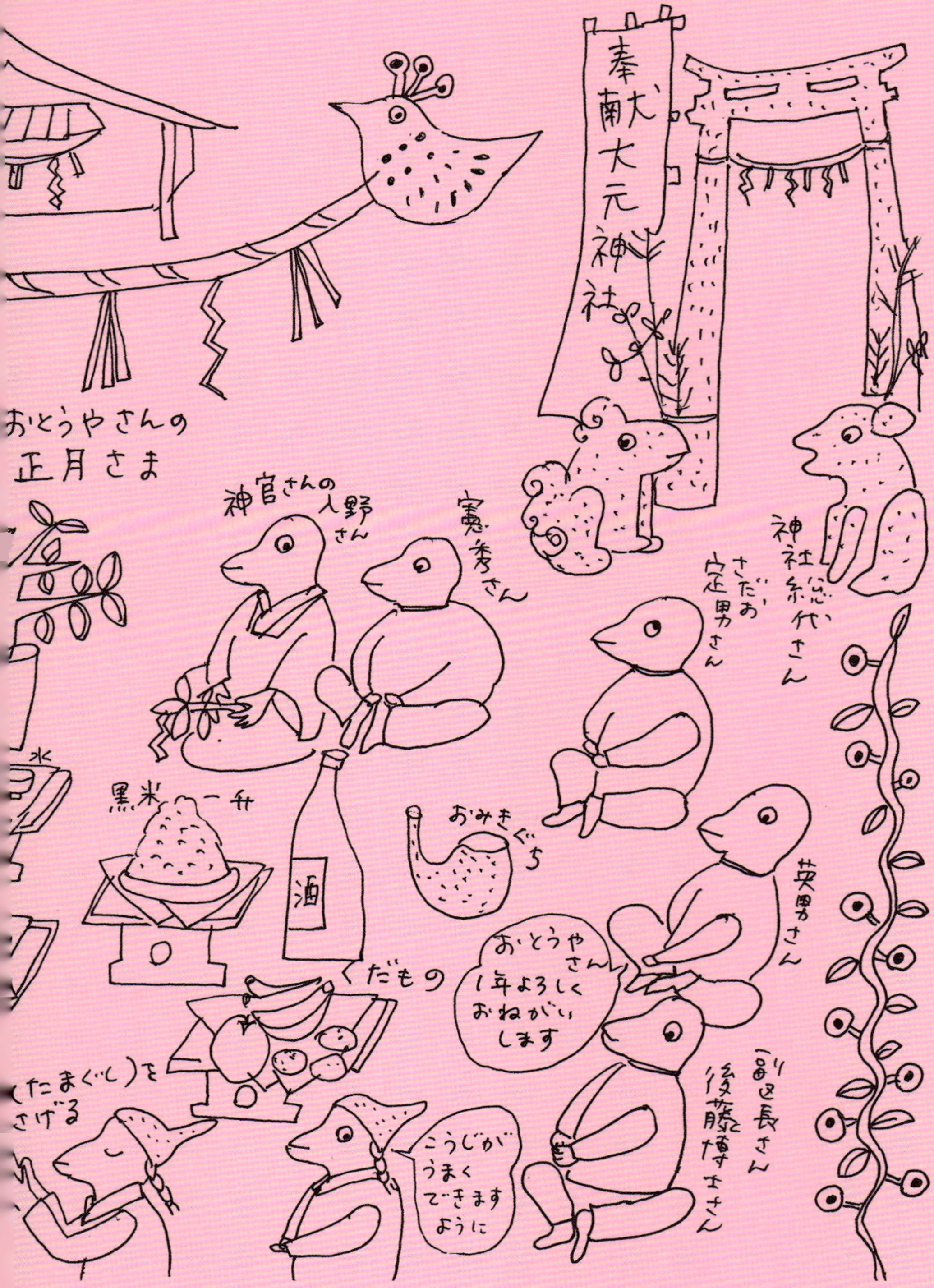
奉献大元神社
おとうやさんの
正月さま
神官さんの入野さん
寛秀さん
神社総代さん
さだお
定男さん
水
黒米一升
酒
おみきぐち
英男さん
くだもの
おとうやさん
1年よろしく
おねがいします
(たまぐし)を
さげる
こうじが
うまく
できます
ように
副区長さん
後藤博士さん

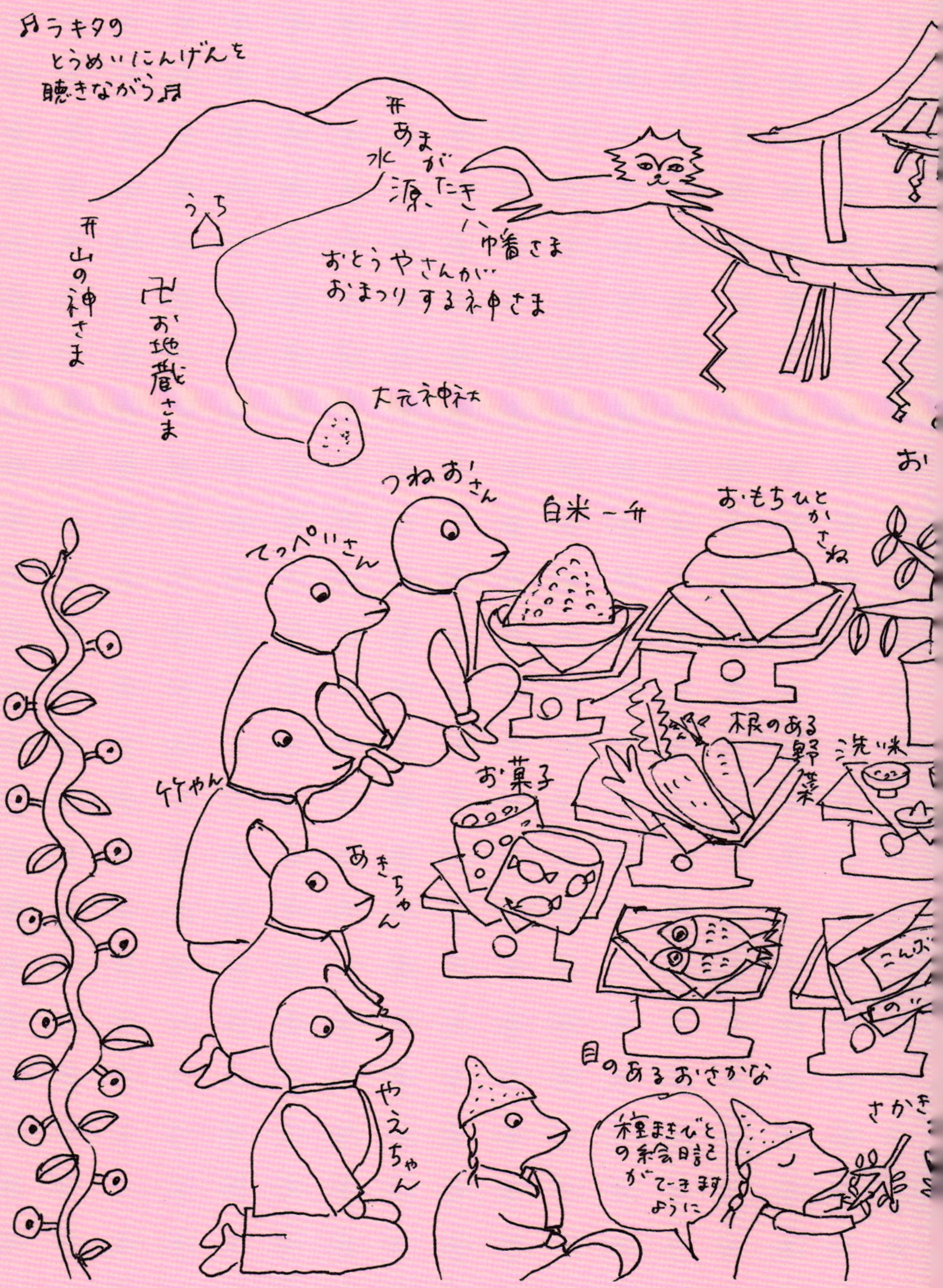

♪ラキタの
とうめいにんげんを
聴きながら♪
⛩あまがたき
水源
八幡さま
おとうやさんが
おまつりする神さま
うち
⛩山の神さま
卍お地蔵さま
大元神社
お
つねおさん
てっぺいさん
竹やん
あきちゃん
やえちゃん
白米一升
おもちひとかさね
根のある野菜
洗米
お菓子
こんぶ
の
目のあるおさかな
穀まきびとの絵日記ができますように
さかき

大昔から、めんめんとうけつがれる、谷相の神さまのお祭りがあります。目に見えるものと見えないもの。見えないけれど、たいせつなもの。そんな、見えないもののちからを信じて祈る村びとたち。あの世とこの世をつなぐ、見えないものは、山だったり、岩だったり、石だったり、水だったりに化身して、神さまは、ここそこにいるのです。山の神さまのお祭りに参加するようになって、神さまっているんじゃないかなと思うようになりました。12月の村の寄り合いで、うちの班がおとうやさんになることが決まりました。

縄をなってしめ縄をつくってお飾り

ことしいちねんは、谷相の神さまのおとうやさん

棚田が雪でまっ白な12月28日に、大元神社の境内を掃き清めました。神社の本殿やお祭りする台や床のふきそうじ。3カ所にしめ縄と門松をお飾りしました。参道にのぼりも立てました。おなじように、お地蔵さまにも。あまがたき八幡神社にも。おそうじは人数がすくなくてたいへんだったけれども、なんだか、すがすがしい気もちになりました。うちとつねおさんのところが、夫婦で参加していますが、あとは竹やんと森さんとやえちゃん。山の神さまのおそうじはたかおさん夫婦がしてくれました。

2014年は、おとうやさんのお正月さまからはじまりました。元日の朝8時40分

に大元神社でのお祭りの準備にとりかかります。さんぼうに半紙を三角に折り、お供えものをのせます。お供えものは、お酒一升、黒米一升、白米一升、目のあるお魚(メヒカリの干物)、果物、根っこのついた野菜(大根、にんじん、ほうれん草)、もちひとかさね、のり、こんぶ、お菓子と決まっています。

準備ができると神社総代さん3人、副区長さん、おとうやさんがならびます。順番に榊を手にとって、くるりと神さまのほうへ捧げ二礼二拍手一礼します。神さまにおしりをむけないように、うしろにさがります。わたしの番がくると、榊の葉っぱを捧げたとたん、風がするりと吹きぬけて、ふしぎな空気がひやりと、ほおをなでました。すると、からだのまんなか、丹田に気が充満したかのような感じになりました。わたしは家族のしあわせといまつくっている本がぶじにできますようにと手をあわせてお祈りしました。みなの祈りが社に充満し、村びとのうえを飛ぶ、とんびのようにくるくると、うずまきになって天に昇っていくようです。

谷相のおとうやさんがぐるぐる巡っているのにはきっとわけがあるのです。神さまは古くから、山だったり、岩だったり、石だったり、お水だったりと自然そのもの。森羅万象、自然への畏れの気もちが、祈りとかさなって、紡がれているのだとわかります。科学文明の発達した、いまの時代にこそ、太古からの巡りのひとすじになって、みんなと手をとりあって、おとうやさんをやれることが、こころからうれしいと感じるのです。

種こうじ 7グラム～10グラム
で 1時間蒸す。(強火)
あけて人肌にさます。
35℃～40℃
♫バリゴ節をききながら♫
西尾賢
通気性もあり、30℃くらいを保つ
豆たん
あんか
30
お米の袋を切って入れる
お米の袋
段ボールの箱の中で保温
15時間たったらほぐして、さらに保温
お米の袋
さらにくるんで毛布に
(45℃で保温
℃をこさないよう)
水分がでたら
口をあけて空気をいれる
こうじの甘いかおり

こうじのつくり方　お米 2キロ
① お米を20時間くらい前に
洗って水につける。
② 水を切って 2時間 おく
③ 蒸し
④ 飯台に
⑤ 種こうじを
まぶす。
新ゆみみそのつくり方
豆（谷相の豆）8キロ
こうじ 16キロ
塩 5キロ
ゆで汁 10ℓくらい
できあがり 45–50キロ
どぶろく
甘酒
みそ
塩こうじ
米こうじ 300g
塩 100g
水 2cup
まいにちまぜて10日間
できあがり！
冷蔵庫へ
保温から
48時間で…
できあがり

こうじつくり

立春のころ、こうじをつくり、みそをつくる

村には大昔からいまへと、口伝《くでん》でうけつがれていることがあります。山の神さまのいい伝えや民話のようなもの、いのししや鹿を解体したり、棚田の石積み。田んぼや畑しごと、とことん話し合う村の寄り合いや家族に不幸があるとお祭りごとに参加しないことなど。いっぽうで、村の家庭では、伝えられる手しごとが、どんどん、すくなくなっています。そのひとつがこうじつくりです。

12月に、京都からちくちくワークショップに参加したさやかちゃん（22歳）という女の子が、高知のわが家に遊びにきました。さやかちゃんはワークショップにやってきたとき、ふろしき包みをだいじそうにかかえていました。埼玉の実家に、ぬか床を持って帰るところだと言うんです。わたしはおもしろい子だなと、興味しんしんでした。だれかに習わなくとも、こういう自然の巡りのわかる若者にときどき出会うのです。もともと人間はみんなあたまじゃなく、からだのなかに野生の

感じ方を持っているはずです。

こんどはこうじを抱っこしてやってきました。それでいっしょに、こうじをつくってみることにしました。谷相では、西村富士子さんに習ったこうじのつくり方。かつては村のあちこちでつくられていたそうです。お米を蒸して、こうじ菌をふって、あたためて保温して、まる3日。できあがった、そのこうじをたくさん使って、みそをつくったら、すばらしく味のいいみそができました。

こうじ菌のざわざわ、白いものたちが、ふえてゆくようすは、まるで、森のなかの枯れ葉の土着菌とおなじです。発酵するものたちは、ちいさくて、見えないけれど、なにか気配があるものなのです。みそやたくあん漬け、ぬか漬け、豆乳ヨーグルトも、菌の増殖によって、おいしくなります。このぞわぞわは、あの感じといっしょだなと思ったら、森のなかの見えないものたちの気配でした。

森はぞわぞわ、ざわざわ、動物、植物、虫たちのほか、枯れ葉のなかの微生物たちもうごめいています。森にいる精霊を縄文人や未開のひとは信じていました。けれども山のてっぺんに暮らしていると、ふと精霊ってこういう存在のことじゃないかと想像できるときがあるのです。谷をとおりぬける風の音、木々のこすれる音、草のゆさぶられる音、こういう自然をも超える、ぐるりのおおいなるものの気配。本来自然のすぐそばに生きているのに、わたしが感じとることが、できなかっただけなのだと気づきました。

縄文人やアボリジニ、ヤノマミ族、未開のひとだったら、精霊の棲む森に生きること、暮らすことそのものが、野生の思考を伝えることでした。この村にきて野生の感じ方が、すこしずつ、わかってきました。80歳、90歳の村びとの智慧をうけつがないと野生の思考をうしなうのです。このおおきな自然のなかの、日々の種まきや畑しごとの気づきから、すくいとるように、紡がれてきた暮らしの、いちにち、いちにち。いまこそ野生の思考をとりもどす時代がすぐそこにきているのだと、教えてくれます。3・11以後、科学技術文明のまがりかどにいるわたしたちに。

ブータン農場
さといも
大根
ラズベリー
カシス
もも
みかん
くるみ
ブルーベリー
ブルーベリー
レモン
ブルーベリー
さんの小屋
お風呂
おうち
音楽はキセルの君の犬を聴きながら
あんず
たね
オリーブ

くり
くり
日本みつばちの 巣箱
お茶
みかん
かき
ぶんたん
すもも
プルーン
かりん
ちいさな 果樹園
うめ
うめ
うめ
お茶
うめ
びわ
お茶
ゆず
シークワサー
お茶
ラブミー農場
セツロー
テッペイと
わたしの
しごと場
あんず

おうちのまわりに植えた、山ぶきがいっせいに春のやわらかな葉をゆらゆらさせています。ふきを見るとセツローさんに教わった、ふきの炊いたのをたべたくなります。さっとふきをゆがいて、うすくちのだしで煮たものですが、ひとくちたべると春を感じます。買ったふきより、やわらかくて、ほのかな苦みがあって、早春のよろこびそのものの野生の味わいです。幼いころ、わたしの祖父もまた、ふきのとうの焼いたのをおみそ汁にいれて、これは「春のお告げ」だよと教えてくれました。たべものはこうして、年寄りから若者へと、つぎの世代にたべつがれてゆくものだと思います。

セツローさんの好きな大根の花咲く

セツローさんの小屋つくり① いのちの循環のぐるぐる

セツローさんがテッペイの薪窯を楽しみにして、遊びにきていたときのことです。窯づめをしていたテッペイが「おーい！　ユミたいへんだ！　ふとんしいてくれ！」と言うので、あわててでていくとテッペイがセツローさんをおぶっています。セツローさんは足がもつれて立てなくなっていました。救急車で病院に行くと脳梗塞をおこしていました。軽い麻痺がのこりましたが、セツローさんに「歩けるようになったら、タイへ旅に行こう」と、わたしが言うと、本当に歩けるようになりました。

それでセツローさんを連れてタイのスコタイに焼きものを観にでかけました。スコタイには、古いちいさな埋葬品のような焼きものがたくさんあって、わたしもセツローさんも釘付けになりました。それがセツローさんのちいさな焼きものつくりのはじまりでした。セツローさんに粘土をまるめて送ると仏さまやかえるをつくって送ってきてくれます。それをテッペイが薪窯にいれて焼きます。生きることは、つくること、つくることは、生きること。いくつになっても、つくりたいというセツローさんのものつくりびとのこころざしに、わたしはこころがゆさぶられ、深く感動するのです。

ときどきセツローさんが谷相にこられるようにと、セツローさんの小屋つくりをしようということになりました。車いすの生活なので、バリアフリーの小屋。ムー・デザイン事務所の西内さんご夫婦に相談しました。台所と小屋を車いすで、いきできるように、なんどもお話を聞いていただき、お風呂とトイレのついたセツローさんの小屋の図面ができあがりました。そして母屋としごと場のあいだのちいさな土地につくることになりました。わたしたちの世代は核家族でしたが、じょじょにおおきな家族で住むのがいいなと感じるようになりました。おおきくなったこどもたちと住むことも、いのちのつらなりだと思えるのも、きっと種をまき畑を耕すうちに、いのちの循環がみえてきたからでしょう。

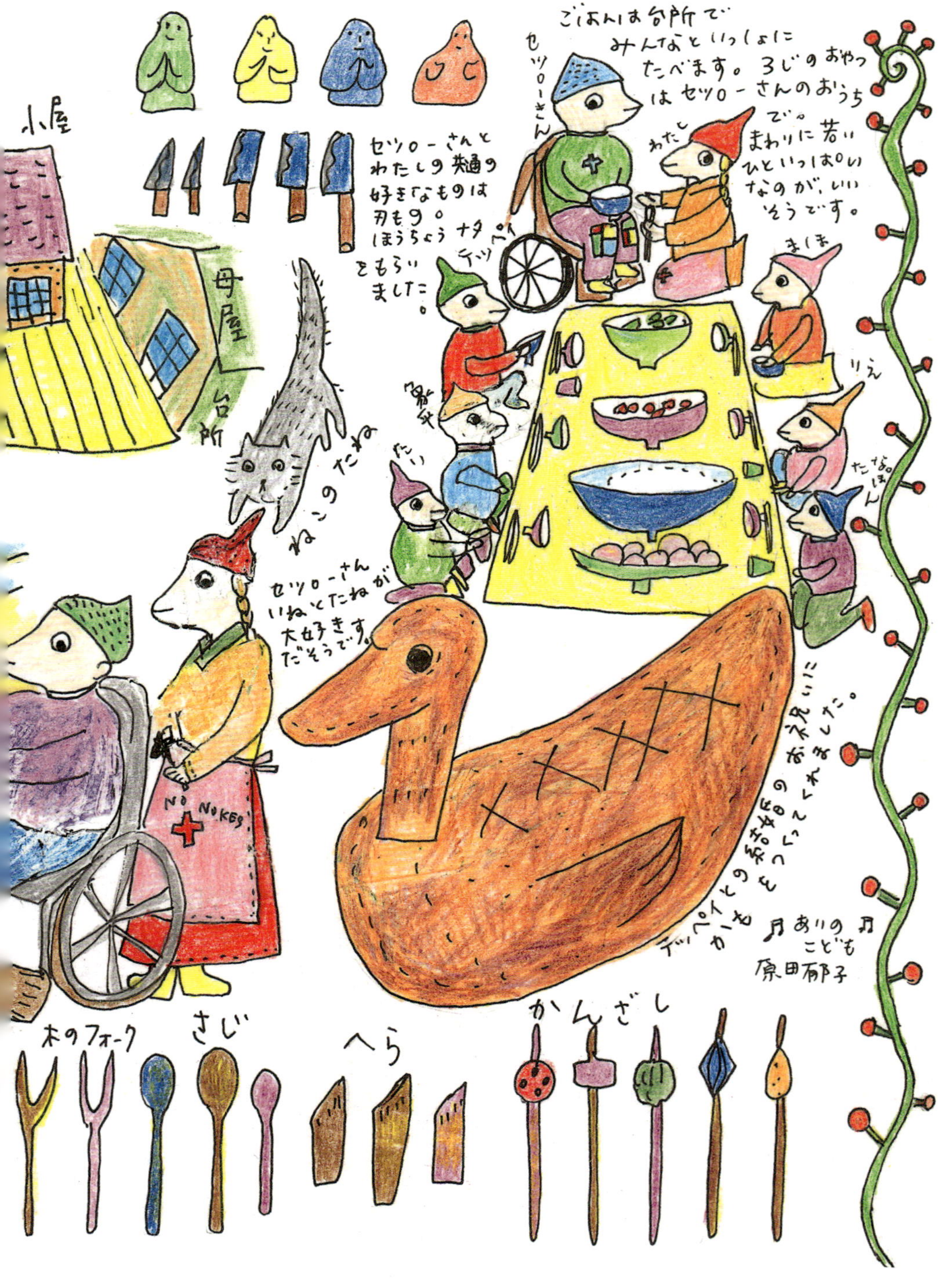

小屋
母屋
台所
セツローさんとわたしの共通の好きなものは刃もの。ほうちょう ナタ をもらいました。
ごはんは台所でみんなといっしょにたべます。3じのおやつはセツローさんのおうちで。まわりに若いひといっぱいなのがいいそうです。
セツローさん
わたし
チッペイ
ましほ
りえ
たなぽん
たい
ねこのたね
セツローさんいねとたねが大好きだそうです。
チッペイとの結婚のお祝いにかもをつくってくれました。
NO NUKES
♬ありのこども♫
原田郁子
木のフォーク
さじ
へら
かんざし

アニマスタジオ
セツローのものつくり 小野セツロー
ラトルズ
セツローさん
台湾で出版されました。
手作的温度 セツロー
セツローさんの本
わたしの好きな絵
水引草のスケッチ
セツローさん
わたし
セツローさんの
リハビリですこし歩けるようになったセツローさんと旅にでかけました。タイやインドネシアへ手をつないで歩くのが楽しくて。たいへんかと思ったら、わたしのほうがいろいろもらったような気がしました。
子どもたちのためにつくった犬の
犬のいね
バイカオウレンを描くセツローさん
野の花のスケッチ展 牧野植物園でひらきました。
友士の田中さんのつくってくれた靴
祈りの陶偶たち
木の糸まき

セツロー＊さんの小屋つくり。いちねんがかりで大工の田中憲明さんの棟梁のもと、かたちになってきました。友人の家猫設計の芝美緒子さんにこまかいところは、おねがいしました。みんなのちからが集まって、土っぽい小屋ができあがりました。しばらく、あるじのいない小屋は、ひっそりしていました。ところが、2月1日にセツローさんがやってきて、あかりが灯ると、小屋はとたんに、生き生きと息をしはじめたのです。土の小屋はまるで、生きもののようです。こうしてセツローさんの谷相暮らしが、実現しました。

春分には、果樹を植えましょう

セツローさんの小屋つくり② セツローさんの谷相暮らし、はじまりました！

ちょうど田口ランディさんにお会いしたとき、セツローさんの話をすると「ユミちゃんは生まれることは体験しているけど看《み》とりこそ体験すべきたいせつなことだよ」と言うのです。まだ気もちがゆらいでいたわたしは、背中を押されたような気がしました。

つくる生活をしながら、どう年を重ねたいか、どう看とられたいかは、わたしたちの問題でもあるのです。わたしもテッペイも、そう思いセツローさんを支えようと、こころに決めたのでした。わたしはテッペイに本『俺に似たひと』（平川克美著・医学書院）をプレゼントしました。平川さんがお父さんを看とられるお話です。いのちを看とるしごとは、女のひとだけじゃなくて、男のひともかかわったほうがいいと感じたからです。このくにでは、いつも、いのちより経済がたいせつにされてきました。その結果がいまの社会をつくっています。どういうたべものをたべたいのか、どういう空気を吸いたいのか、とおなじように、どういう社会を望むのか。わたしたちは、いまを生きるなかで探していかなくちゃと強く思うのです。そうして、こうありたいと想う社会の方向にあかりを灯すことをしたいなと、こころからねがっています。

この春、わたしとテッペイ、こどもの象平とセツローさんの3世代がいっしょに暮らすことがはじまりました。

土を耕すうちに、いろんな手がひつようだから、農家みたいに大家族がいいなあと、考え方がおおきくかわりました。それは谷相のひとびとの弟子になり、消費するだけの暮らしではなく、耕す暮らし、つくる暮らしを教わったからです。家庭が消費する場所になるのではなく、生みだす場所になってゆくと、家庭のもつ意味がかわると思うのです。本来、家庭とは、いのちを生きる場所であるのです。家庭に生まれ、家庭に還る。あたりまえにひとと、むかいあい、生まれると看とり、人間の根源的な場所が、家庭であり、家族の暮らしだということが、畑しごとのなかからわかりました。まるで、種がつながってゆくようなことです。

*しごとが紹介された本に『セツローさん』(祥見知生著/ラトルズ)、『セツローのものつくり』(小野セツロー著/アノニマ・スタジオ)。

土着する、コロナ後の種まきびと

コロナじかん

2020年にはじまったコロナじかんは、いったいなんだったんだろう。いままでの人生のなかで、いちばん奇妙キテレツな体験でした。やっとマスクから自由になり、人間らしく自由に空気がすえるように解放されました。山のてっぺんの谷相の暮らしはかわらなかったけれど、旅ができないことは、いちばんつらいことでした。

旅ができるというニュースがとびこんできました。タイとラオスの国境の街でゲストハウスを営むパパイヤヴィレッジのひろこちゃんが知らせてくれました。テッペイとわたしは、すぐに航空チケットを予約しました。PCR検査をうけて、チェンコーンのひろこちゃんとラオスのレンテン族の村へ手織り布を探す旅をすることができたのです。

旅ができなくて、わたしは、みずみずしい感覚を失っていました。こころとからだがカサカサになって、うるおっていない感じ。美術館へ展覧会をみにいくとか、音楽のライブへでかけるとか、ワークショップに参加するとか、旅だけじゃなく、人間らしい文化的なことができなくなりました。だからこそ逆に芸術のちからは、すばらしいものだとよくわかりました。わが家のお客さんも減って、家族と弟子たちで過ごすことがおおくなりました。旅することができなくても、アジアごはんをたべようと、パクチーやガパオの種を畑にまき、収穫しながらタイ料理やインド料理をまいにちつくりつづけていました。

そして9カ月の自粛生活のあと、おそるおそる友人のキム・ホノさんの展覧会をみに名古屋のギャラリーにでかけたときのことです。キムさんの陶芸の作品をみるうちに、なみだがあふれ、あまりの感動にこころがふるえました。展覧会をみるって、こんなにどきどき、わくわくすることだったとおもいだしたのです。このコロナじかんにこそ芸術のもたらすちからが、ひつようだったんです。いままであたりまえだった旅や音楽のライブや展覧会が、どれだけわたしの生きるちからをふくらまし、豊かにしてきてくれたのか、わかりました。

音楽やお芝居や映画や美術など、感動をもたらす芸術は生きるために、ひつようなのです。ただ、ごはんをたべて、生きているだけでは、だめなんです。わたしたちはこうした人間らしい感動があるから、生命力がたかまり元気に生きることができるのだと実感しました。

コロナじかんから解放されて、いまパズルのかけらがあわさるように、世界のコロナ騒動のなぞがとけてきました。そしてウクライナの戦争とパレスチナの戦争。もやもやのなかから、じょじょに世界のなぞがみえはじめます。マスクやワクチンなど、国のコロナ政策で政府が信じられなくなりました。むかしは戦争で人が亡くなっていたのが、いまではコロナという病気やワクチンという見えない戦争が、ちかづいています。わたしたちが信じていた、みじかな病院の医療という窓口をとおして、国や政府もいっしょになってやっているということを、告発するお医者さんも、あらわれました。

昔、父を医療ミスで亡くしたことから医療を信じる気もちが、なくなってしまいました。コロナじかん、まさに、国や政治とおなじく、病院も人間らしさをなくしているようでした。まるで医療が資本主義に利用されているようです。ちいさな田んぼや畑をやっていると、水の流れや気のながれを感じるくせがついてきます。これは、じぶんのからだをみつめるときも、いっしょです。ちいさな畑や田んぼは大きな自然です。だから、ちいさなじぶんのからだも、おおきな自然のいちぶにおもえるのです。田んぼや畑もなるべく農薬や化学肥料にたよらない。そうすると、からだへいろいろ化学的なものをいれる医療も不自然におもえます。ちょうど『コロナ後を生きるみらいのからだのーと』(自然食通信社)をつくり、コロナじかんのあいだ、じょじょに医療の自給自足ができないかと考えはじめました。テルミー温熱療法を日常的にとりいれたり、畑の雑草、すぎなをとって干し、すぎな茶を飲みはじめました。マーシャと坂田先生という快医学の先生に出会って、学びはじめました。

もっともっと成長しなければという右肩上がりの資本主義経済は、いつかおわると感じます。投資家たちの金融資本主義も、生産のない利潤だけの経済。世界がものつくりの経済ではなく、お金のための経済になって、みんなが幸福になれません。世界のグローバリズムがコロナというなぞなぞをうみだし、アメリカ中心のドル経済が壊れはじめました。わたしは資本主義のつぎにやってくる経済をおぼろげに想像しています。もう国や政府にたよらず、お金にたよらず、じぶん中心のちいさな経済をまわす。コロナじかんが気づかせてくれたのはお金中心の経済からいのちの経済へシフトすることです。

弟子のまりぼん、家族になる

弟子だったまりぼんさんが、家族になりました。

まりぼんはおもしろい弟子でした。まいにち、うちでごはんをたべて、いっときもわたしからはなれないほど、わたしのことを観察するのです。まりぼんのからだは、いままでの都会暮らしで、ちぢこまっていました。男女差別や女性への暴力に対して、からだやこころが反応していました。そのこころが、畑や田んぼの暮らしをするうちに解放されてゆきました。毎日うつりかわる自然のなかで、いちばんたのしそうに畑にでかけていくのが、まりぼんでした。

そのころわたしは、雑誌『天然生活』の「くらしがしごと」の連載をしていました。わたしが文章を書き、中国からやってきた弟子のきょう・よくさんが写真を撮ります。ところがきょうちゃんが中国に帰国することになりました。そのかわりに、まりぼんが絵を描いて、連載を続けることになりました。それで3年の弟子期間がさらに5年にのびました。さいしょは、ちいさな絵だったのが、もっと大きな絵を描いてみたらと提案したら、絵がどんどん大きくなって、生き生きとしてきました。

まりぼんは、いつも、ものつくり的なこころで描くのです。しかも息子のカイにおっぱいをあげながら、からだ的に絵を描く。ふとんのよこにでっかい絵をおき、カイくんとおひるねしながら描くスケッチ。まりぼんの描く絵は呪術的なものが、ハラワタからわきでてくるようです。まるで、野生のなにかがのりうつっているようです。植物をまるでひとのこころのありようみたいに、執拗に描くのです。それは植物のトゲトゲなんだけど、みるものには、こちらのこころにちくりちくりと、つきささるガラスのトゲのようにみえてきます。かとおもえば、精霊みたいに描かれたチョウが飛びかう絵。それはわたしが畑や果樹園でみる光景。はじめのころの絵は、すなおな野草のスケッチだったのが、いまでは、なにか自然の魔法にとりつかれているようでもあります。トゲトゲは、まりぼんが社会に抗うトゲみたいです。精霊に象徴されるチョウは、沖縄では、チョウのかたちをしたタマハベルという呪術的なもの、ノロ(女神)がつかうものとして登場します。すべてをおおらかにうけいれて、まりぼんの絵のなかにも手のなかにも、その両方があるのです。

ここに来たときは、何かの幼虫みたいだった。すべてが幼くて未完だったまりぼんが、いまでは芸術のちからを表現できるようになったのです。わたしは、はらわたからでるもので、まりぼんといっしょにつくりたいとおもう。だからしばらくは、まりぼんの絵とわたしの文章や服で、本や展覧会をつくっていきたいのです。

テッペイとタイの大げんか

タイがお弟子だったときにおきた、テッペイとの大げんかは、たいへんでした。朝早くに電話があって、注文していた粘土が20箱も届きました。わたしは、だれのものかわからないので、タイに伝えなかったら、宅急便がやってきて、テッペイがひとりで荷下ろしをしなくてはなりませんでした。

そのことに腹を立てたテッペイが、まだ寝ていたタイをたたき起こし、大声で叱りはじめました。寝ていたところを突然、大声で叱られたので、タイはおどろいて、そしてその粘土も自分の荷物ではなかったのに、自分だけがせめられたことを、理不尽に感じて、言い返しました。

その結果、どなりあいになってしまいました。テッペイの制圧するようなことばに、最後には、タイが爆発して、テッペイの制作途中の壺をぶちこわしてしまいました。それればかりか、これから焚く薪窯のために用意していた色見までこわしてしまったのです。粘土がとびちり、テッペイが出て行けと大声でいうので、タイはすぐに荷物をまとめて、家出してしまいました。

あたらしく家族になったばかりのまりぼんが、ひとりのこされて困っているのが、かわいそうで、わたしは大きな声をあげて、おんおん泣いてしまいました。その後テッペイに、タイが壺を割ったのは悪いけれど、そもそも大きな声そのものが暴力だから、タイは壺をこわすという暴力で大きな声に対抗したのだといいました。タイは、弟子だし、それ以前にむすこだし家族だし、ちからのあるテッペイが弱い立場のひとに、大きな声の暴力でどなるのは、よくないと訴えたのです。

すると、テッペイもしばらく考えていました。そうして翌日になって、自分からタイにごめんねとあやまりました。強い男たちは、ものごとをあたまや理論でとらえます。けれども未熟な子どもや、弱いおんなたちは、直感的に内臓のはらわた感覚でみることがあります。

この直感やはらわた感覚がだいじです。タイは、直感でテッペイの大声こそ、ことばの暴力だと感じたのです。このことばの暴力に、壺をこわすという暴力で対抗してみせたから、大声が暴力だということが、テッペイにも伝わったのです。こういうことが、あるんです。タイは暴力という混乱から、ものごとの本質を見ぬいたのです。

テッペイもえらかったと思う。自らあやまったので、そのあとふたりは、仲直りしました。タイといっしょに薪窯を焚いているのを見て、仲直りしてよかったなぁと思いました。薪窯のような大きな仕事は、テッペイひとりでは、できないからです。

子どもたちは、鏡のように、わたしたちを映してくれる存在なんだなぁと感じました。

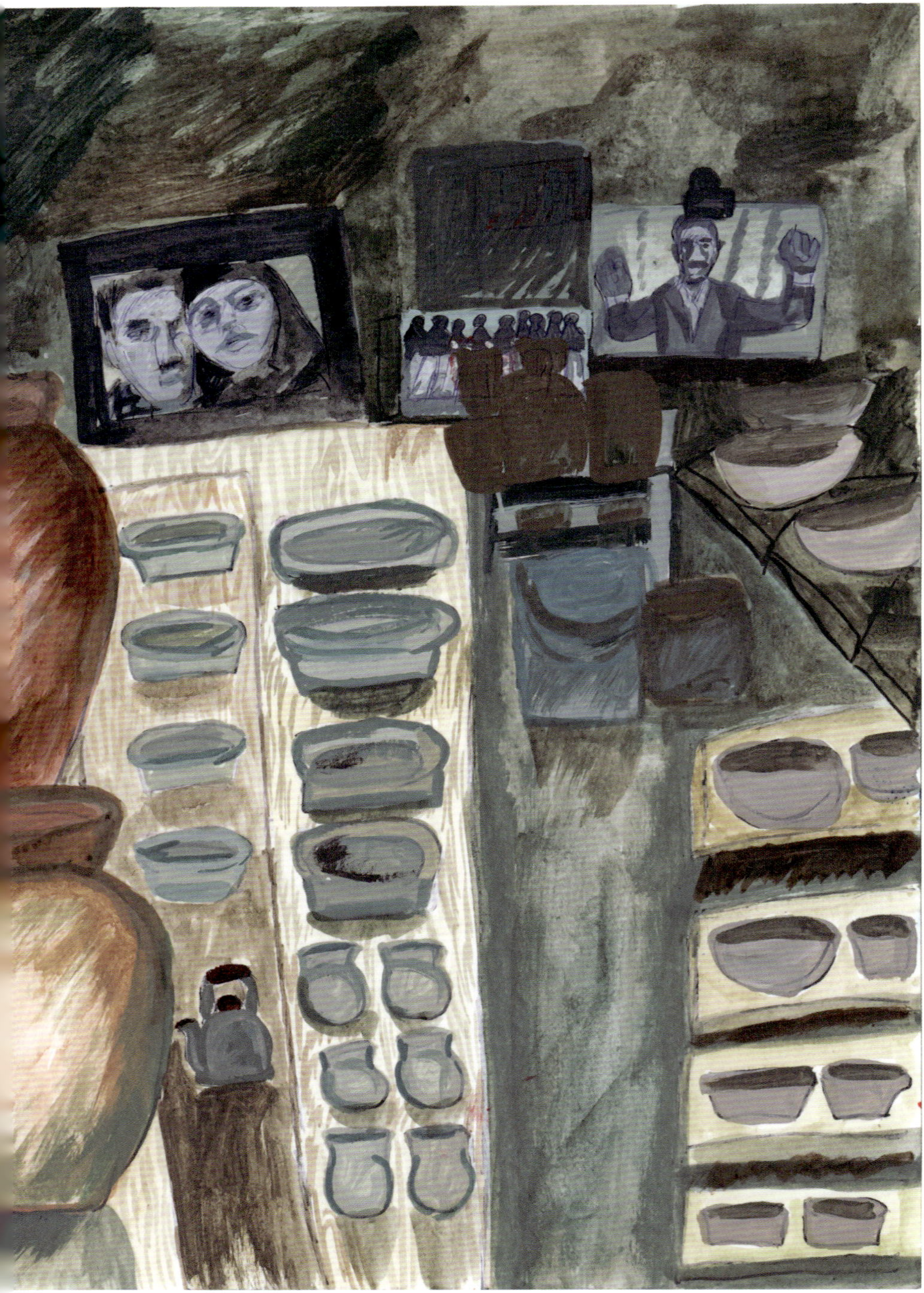

原色日本植物図鑑
原色日本植物図鑑
薬用植物
原色鳥類

まりぼんとタイのおうちつくり

タイとまりぼんはおうちがなかなかみつからなくて、うちの仕事場の2階に転がりこんできました。その後も同居が1年ほどつづき、カイが生まれました。テッペイはカイをお風呂にいれるのが楽しみになりました。わたしがうけとって、産着を着せます。赤ちゃんを抱っこすると、しあわせエネルギーをもらいます。じぶんの子育てのときは夢中だったけど、ちょこっと余裕があるからたのしめるのです。

タイとまりぼんは弟子同士だったので、さいしょはだれにも気づかれないように、秘密にしていたそうです。でもまりぼんのお腹が大きくなり、カイという男の子がうまれ、もうそうなるとわたしもテッペイも、カイにメロメロです。うちに同居をはじめて、タイとまりぼんのおうちを探したけれど、なかなかみつかりませんでした。まりぼんがとなりの村の古いおうちをみつけたのだけど、屋根が落ちてしまいました。

それでとうとう工房兼住まいを、わたしのティック・ナット・ハンという畑にあたらしく建てることにしました。谷相に住む大工のやすたかさんに頼みました。いつもにこにこと、とても気持ちがいい人です。タイもまりぼんも、できれば、自分たちの家を谷相の人たちの手でつくってもらいたいと考えていました。基礎工事や、水道工事や電気工事をみんな谷相の人に頼みたいといいました。やっぱりタイは、谷相小学校さいごの生徒だったので谷相の人たちへの、恩返しになればっていう気持ちがあるのでしょう。わたしやテッペイには思いつかないことだったので、びっくりしました。

やすたかさんは、すごい勢いでおうちをつくりました。とにかく2階へのぼる階段をつけると、暑い夏の日にスイカをもってやってきてくれたのをさいごに入院してしまわれました。そうして夏のおわりには、お風呂場をつくるじかんもなく、かけぬけるように、あっというまに、亡くなりました。だからいまでもお風呂場がまだないので、カイとまりぼんはうちにお風呂をかりにやってきます。

やすたかさんのお葬式には、家族みんなででかけました。お葬式でむすこさんが、やすたかさんはさいごまでうなされながら、タイの家に釘をもっていけ、と伝えていたそうです。まだお風呂をつくれていないことが、こころのこりで無念だったのでしょう。やすたかさんのさいごのしごとは、海のみえるタイとまりぼんのおうちになってしまいました。いまでも夜中になると、パシッと音がするそうです。やすたかさんが、釘をもってやってきてるのかなと、まりぼんはいいます。釘をもっていけといっていたので、タイのところには、なんと釘が7箱もとどいていたのだそうです。

旅すると土着する、タイのばあい

タイは旅が大好きです。幼いころからわたしとテッペイの旅に連れ歩いたので、高校生になると、じぶんひとりで旅のシミュレーションをしていたらしい。そうして高校を卒業すると、すぐアジアへの旅に出かけました。また、わたしとテッペイに、生ぬるい旅じゃなく世界の現実を見る旅、イスラエルとパレスチナへの旅をすすめてくれたのもタイです。

タイのこうした旅好きは、旅することが学びという、わたしやテッペイの育て方もありましたが、タイ独自の社会へのまなざしのわきでるところでもあります。

タイには高校を卒業したら、たとえば会社とか弟子入りとか、大学じゃないところで勉強するように伝えてありました。それなのに自由の森学園を卒業したタイは、京都の精華大学の陶芸科を受験したいといいだしました。わたしも、テッペイもそれにしらんぷりをしていたら、1年目はあきらめて、アルバイトをしながらタイとインドの旅へ。戻ってくると、さっさとAO入試を受験しました。この試験は、自分の言葉で、自分のことを話せれば、受かるという入試だった。わたしは、当然おっこちるだろうと思っていたら、受かってしまった。タイは高校時代、自由の森学園でも陶芸をやっていて、タイやインドを一人で旅したことや、うちの薪窯を焚いたときの、感動を話したらしい。

そうやって受かったものだから、本人は当然、大学に行きたくなってきた。時間がたてばあきらめるだろうとほうっていたら、うちに帰ってきて、テッペイにこう言った。テッペイは大学に行っていないのに、どうして大学は意味がないっていうのか、おれが行って確かめてくる。行ってよくないと思ったら、すぐにやめるから、とりあえず行かせてほしいと、テッペイに直談判したのです。

そうしたら、テッペイも反論できなくなって、大学に行くことを認めざるをえなくなりました。でもテッペイは、学費は出すけど生活費は自分で稼ぐようにと言いました。大学の授業はおもしろかったようで、最後まで4年間やめることなく、ぶじ卒業した。卒業すると、こんどは弟子入り先を探した。テッペイ以外の陶芸家へ弟子入りしようとしたのに、その方が、四国だったら高知に小野哲平さんという陶芸家が、弟子をとっているよと言ったらしい。そうやってタイは、テッペイのもとで、5年ちかく学ぶことになったのです。テッペイもうれしそうだった。その時期の土部の弟子たちは、タイの同級生が多かったので、タイが土部の中心になって、みんなが楽しそうに、自主的に仕事をする雰囲気をつくり出していた。

そうやって5年が過ぎたころに、まりぼんと出会って、谷相に仕事場をつくったのです。タイはまりぼんが出産後、1年で弟子を卒業だったので、それからすぐに自分でつくったもので、まりぼんと生活していくことになりました。さっそくちいさな田んぼもはじめました。旅することも、土着することもどちらもひつようなことです。どちらかをえらぶなんてできないのです。わたしにとっても、もちろんタイにとっても。

テルコさんのおっぱい

テッペイの母であり、セツローさんのつれあいであるテルコさんは、煎茶の先生をしていました。でもそのテルコさんのことを、テッペイはあまり好きではないという。テルコさんに育てられたはずのテッペイがなぜ、テルコさんのことを嫌うのだろう、わたしはとても不思議でした。わたしも男の子二人を育ててきたので、その二人に嫌われていたとしたらたいへんだ。男の子はお母さんのことが大好きなはず、と思っていました。でも、なんでお母さんのことが嫌いなの？と聞くと、小さいときにお母さんにデパートで、何かを買ってほしいとねだると、それを言葉で返すかわりにお尻をおもいきりつねられた、いやな思い出があったらしい。あと、お母さんのつくるごはんがあまりおいしくなかったので、セツローさんがかわりにつくっていたということも。わたしの子ども時代は、父は海外赴任中、母は入院していて、子どもたちでごはんをつくっていたので、テッペイはなんて甘えてるんだと思ったのでした。だけどテッペイはその母、テルコさんにそっくり。鼻で笑う笑い方。あと、歯に衣着せず、思ったことをズバッというところ。たとえば、おまんじゅう屋さんで、そこのおまんじゅうをぱくりと一口食べて「あら、このおまんじゅうまずいわね」といって、その場にいたみんながこおりついた。（ほんとうはとてもおいしい）

そんな感じのテルコさんでしたが60歳で、セツローさんの病院の送り迎えのために、運転免許を取得したり、わたしも、松山の展覧会のたびに子どもを預かってもらったりして、とてもお世話になりました。煎茶の先生も続けていて、元気いっぱいだったテルコさんの異変に気づいたのは、お正月に松山のお家を訪ねたときでした。冷蔵庫には、卵や牛乳など同じ食材が大量に入っていました。食事がつくれなくなって、レトルトカレーばかり食べていたようです。あるときとうとう、テルコさんは、なぜか火のついているカセットコンロを押し入れの中にしまって、ボヤ騒ぎを起こしてしまったのです。そしてセツローさんはわが家に、テルコさんは姉の家にそれぞれ引き取られることになりました。するとテルコさんが認知症だとわかりました。最後に会ったのは2022年にテッペイと、テルコさんをたずねたとき。わたしは、テッペイがテルコさんのことを嫌いなのは、もしかすると、おっぱいを飲んでいなかったのかもと思ったので、テルコさんにテッペイが赤ちゃんのときにおっぱいで育てたかどうか聞いてみました。すると、テッペイのことも「どなたさま?」と聞くようになっていたテルコさんが、くすっと笑って、おっぱいで育てたにきまっているわよと答えました。認知症が進んでも、しっかり覚えていたのです。それがテルコさんに会った最後になりました。テルコさんがいなければ、テッペイは生まれてなかったのにな。テルコさんのほうれん草と春菊の白和えは、いまでは、わが家の定番レシピとしてつくられています。その白和えを、テッペイの北京での展覧会の窯たきごはんとして、中国の方にたべていただいたのです。こうして白和えのレシピのなかにテルコさんは生き続けているのです。

象とゆいちゃんの結婚式

わたしとテッペイは結婚式をしていません。家と家の結婚というより、ふたりで暮らすことのほうが、だいじだと思っていたからです。1980年代は、夫婦別姓の選択が実現しそうな空気でした。わたしはテッペイと結婚すると小野ユミになるんですが、早川ユミというなまえで仕事をしていたので、そのまま別姓でいこうと決めました。結婚式はしなかったけれど、まわりの友だちがささやかなパーティをひらいてくれて、常滑の自宅に集まってくれました。あとでそのことをセツローさんにはなすと、パーティによんでほしかったと小声でいいました。親をよぶことは、ぜんぜんかんがえていませんでした。

ところが、めぐりめぐって、こんどは、テッペイとわたしが親になりました。むすこの象平といっしょになったゆいちゃんは、神前結婚式を出雲大社でひらくのが、子どものころからの夢だったといいます。それでは結婚式にでかけなくちゃと、家族で島根県の出雲大社へでかけました。いちばん困ったのは、わたしもテッペイも礼服をもっていなかったのです。そこで、ゆいちゃんのおかあさんが、美容院で貸衣装の着物を用意してくださったので着付けてもらうことにしました。羽織と袴のテッペイとチベット人の髪型のわたしたちふたり着物で登場して、お互いにみつめあって笑いました。

じぶんたちは主義主張で、結婚式をしなかったのに、子どもたちは、ほんらい自由ですから、結婚式をしたかったらすればいいと思いました。たいへん興味深く面白かったのは、出雲大社での神前結婚式です。ゆいちゃんの実家は吾郷《あごう》さんといいます。吾郷家と小野家のいすが向かい合わせでずらりとならんでいました。わたしの横が空いていました。あとからだれかが来るのかなと思っていました。神官さんが、祝詞をあげて「吾郷ゆいなんとか〜が小野ゆいなんとか〜」というと、むこうの席にすわっていたゆいちゃんが、わたしのとなりに歩いてやってきて、すわりました。そのとたんに、むかい側の席のゆいちゃんのおとうさんの誠さんの目に大粒のなみだが……。吾郷家から小野家へ、わたしの横の空いていた席は、ああそういうことだったんだと、わかり納得しました。

女のひとは結婚したら、男の家に入るという意識や感覚はいまも脈々とつづいているんだなと気づかされました。といっても、いまは結婚すると夫婦の新しい戸籍をつくるのに、「入籍」っていうのもおかしい。戦後「家」制度はなくなって、わたしたちは自由になったのです。だから結婚しても、なにもかわらないはず。でも嫁とか主人とか家父長制のなごりがいまだに根強くのこっているのも事実です。男女平等な社会のはずなのに。なかでも子育ては女の分担というように、性別による役割分担もなかなかかわらない。そしてわたしたちも、意識しないと、つい使っちゃうことば、結婚で長男が家をつぐとか、嫁にもらうとかいうことばに、いまも家制度の古くさい考えかたがうけつがれてしまっているなと実感しました。男の子は家をつぎ、女の子は家をでるわけではないのです。結婚そのものが、家制度にまかれてしまわぬようにしたいのです。

サンとカイのちいさな村

リンドグレーンのやかまし村の物語が大好きな子ども時代をおくりました。私は京都の山科にあった、父の会社の社宅で育ちました。4階建てのアパートの3階がわたしたち家族の家です。社宅は3棟あって、隣の棟の3階には松本恵子ちゃんという友達が住んでいました。窓から、恵子ちゃんのお部屋が見えるので、まるで、やかまし村の隣同士の家の子どもたちみたいでした。リンドグレーンのやかまし村に住む子どもたちにあこがれて、ふたりで図書館の本を読んでいました。自分たちが住んでいる場所が、こんな村だったらいいのにと語り合っては、頭の中で4階建てのアパートが、村になっていくのを空想して遊んでいました。

きっと子どものときリンドグレーンのやかまし村にあこがれたから、いまわたしは村に住んでいるんです。その村の中に、さらにちいさな村ができています。息子の象平くんとゆいちゃんにサンちゃんという男の子が生まれて、今年で3歳になります。サンちゃんは恐竜が大好きで、歩き方も、首のふりかたも恐竜のよう。のっしのっしとやってきます。ごはんを食べるときも、恐竜のつもりでたべているのです。子どもはすぐに空想の世界に生きることができます。

うちのラブミー畑のはしごをのぼるとカディ畑。またその上にガンジー畑があって、そこをくぐりぬけていくと、お弟子ハウスがあります。その横のテック・ナット・ハンという畑に、タイとまりぼんのおうちができあがって、カイくんという男の子がいます。そのカイくんはいま、1歳5カ月。

ちいさな人たちがふたりもやってきたので、たちまち仕事場は、ちくちく保育室。お弟子たちもかわるがわる抱っこをして、癒されています。赤ちゃんがいると、すっかり赤ちゃんのペースになっています。でも、それが楽しい。世界は経済優先だけど、うちでは雨に合わせて種まきをしたり、3歳の気もちになったり、1歳の気もちになって、みんなが自分の子ども時代を、もう一度生きなおすことができます。人は、そうやって、もう一度自分の子ども時代を旅することができるのです。子育ては、親鳥がひなをそだてるようなこと。ちいさな人たちは、これからまだしばらくは、空想の世界を生きていくので、わたしも空想の世界を旅してみたい。わたしの子ども時代もそうであったように、自分が住んでいるアパートが、村であったり、森であったりしたように、恵子ちゃんとわたしのあいだには、やかまし村があったように、ちいさな人たちにとって、ここが、恐竜の住む山になっていくのだろう。わたしたち、ものつくりにとっては、ちいさな人たちの空想は、ひつようなものです。ちいさな人に習って、空想の世界を生きてみたいと思います。

うつくしい田んぼ

田んぼに水がはいると、うつくしくて、うっとりします。

6年まえから三枚の棚田で田んぼをはじめました。それぞれ、シラ、タマ、ダンゴと名まえをつけました。家と工房のまえの田んぼは3反。テッペイは、夏に旅ができないのがいやだというので、田んぼはあきらめていました。でもあるとき気がついたんです。テッペイの意見をきいていたら、自分らしいことは何もできないんじゃないかって。それで、やっぱりやりたいことはやってしまおうと、こころに決めました。

田んぼにみかんや蓮を植えたらいいというテッペイの意見をしりぞけて、田んぼをはじめると、するするといろいろなことが決まってきました。やっぱり自分の思った通り実行することが、大切です。6年目にして510kgの完全無農薬のお米を収穫して、わが家のお米の自給自足が実現しました。

お米をつくりたいのには、もうひとつ理由がありました。日本みつばちが減ってきたことです。何年か前は、ちいさな果樹園においた巣箱に、8箱ぐらいみつばちが入っていたのに、いまでは1箱入るかどうかというぐらい。日本みつばちが減った原因のひとつに、ネオニコチノイドという農薬が、田んぼでたくさん使われるようになったことがあります。日本みつばちのために、家のぐるりの田んぼを無農薬でつくりたいのです。

田んぼの中にお水が蓄えられているということは地球温暖化抑止のためにも、環境にとってもいいことです。村人もわたしがお米をつくるようになると、とてもうれしそうに話しかけてくれます。村人と同じ田んぼの目線に立ってみると、季節ごとのお祭りが、田んぼと連動しているとわかりました。棚田でお米をつくっていることは、ひとつの川の水を上からじゅんぐりに、村のみんなで使うっていうことなんだと知りました。水というものが、とてもエネルギーの高いもので、水によって植物が育つように、わたしたちの気もちを育てているのです。田んぼをはじめて、水を汚さないでくらすことにも、気をつけるようになりました。洗いものをするときは、スクレーパーで油汚れなどを取って、さらに布でふいてから洗うようにしています。いままで畑だけだったのが、田んぼをやることで、大きな気づきがありました。村人とおなじ田んぼをすることで、ほんとうに土着することができたのです。水という共有のもの、お米をつくるという共感の意識、それらがからまって村人の集合意識になっているような気がします。うちだけがよければいいというのではなく、みんなのうちでお米がとれるってことが、神さまの行事といっしょに、まるで祈るような気もちです。祈りは、光よりもはやくすすむときいたことがあります。

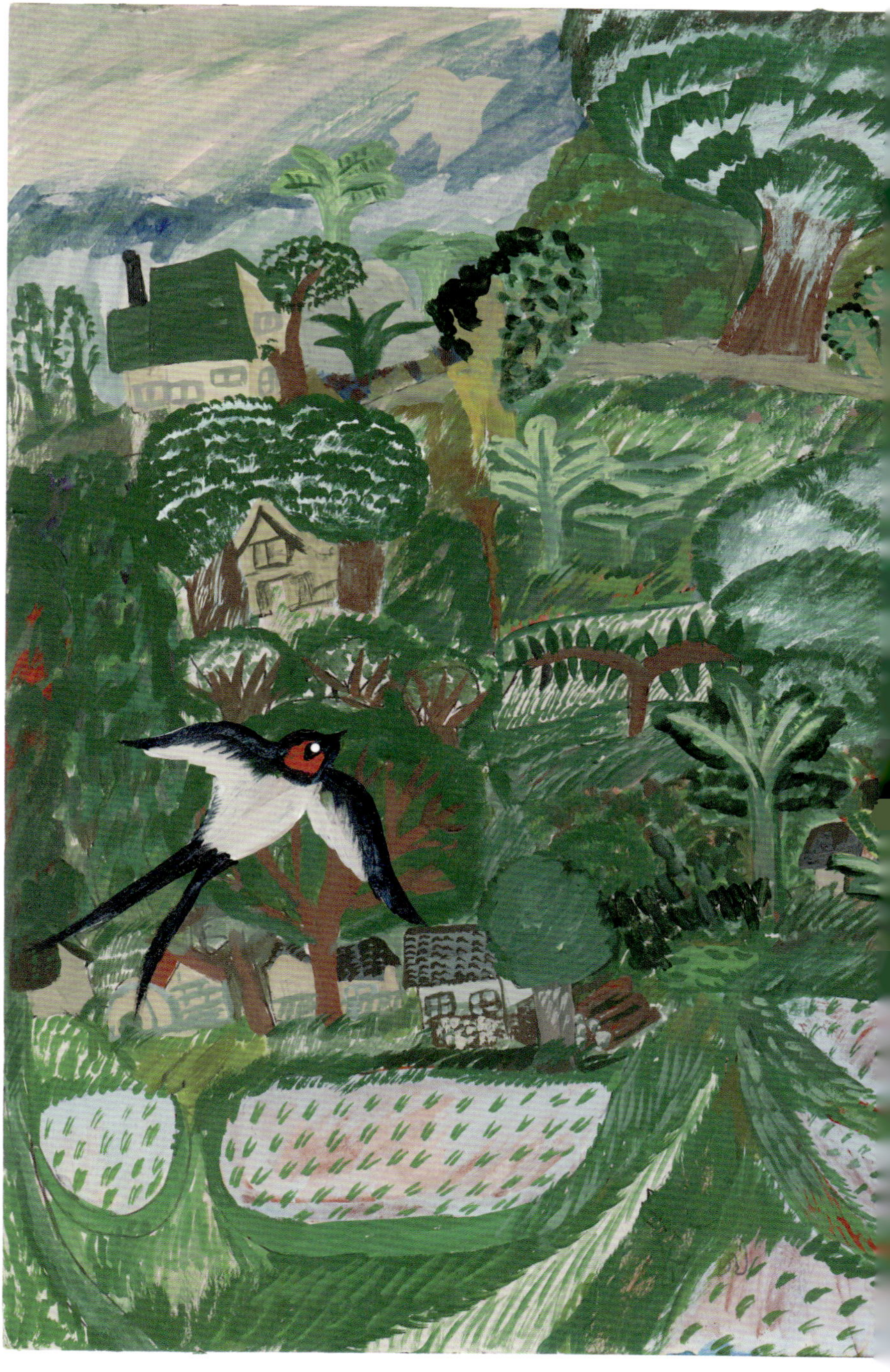

セツローさんを看とる

セツローさんがガンの末期だと告知をうけたのは、２０１６年。

余命は３カ月といわれたけれど１年３カ月ほどがすぎ、たまたまテッペイが沖縄にしごとにいっているあいだのこと。１週間ほどセツローさんをわたしだけで看ることになり、それはたいへんと、近くの病院にあずかってもらうことになりました。

わたしは、まいにちお見舞いにでかけました。するとセツローさんが、部屋のロッカーを指差して、そこに若くして亡くなったセツローさんのお兄さんが立っているというのです。さいしょはロッカーのなかにいるから、出してやってくれと頼まれたのですが、ロッカーをあけても、そこには誰もいません。しばらくすると、お兄さんが桃が食べたいというから、桃を買ってきて、と頼まれたので、桃を買ってきたり、次の日には、巨峰とアイスを買ってきてくれと頼まれて、さいごの日は海苔巻きを買ってきてと頼まれました。海苔巻きは、亡くなったお兄さんの好物で、セツローさんは、まるでお兄さんになりかわったかのように、むしゃむしゃと食べました。ずっと食が細くなっていて、ほとんど何も食べなくなっていたセツローさんが、おいしそうに、海苔巻きを食べたのにはおどろきました。

セツローさんに、いままで生きてきて、いちばんうれしかったことはなあに？ と聞いみると「あきみと、テッペイがうまれたことじゃ」と答えました。そのあとセツローさんは「もういってもいいかな？」というので、わたしはてっきり、ロッカーから出てきたお兄さんが、どこかへ帰っていくのかなと、思ったのですが、まもなく、セツローさんのくちびるの両はしから、息がふーっともれるような音がしたのです。セツローさんは、うちではさくらクリニックの高芝先生にみていただいていました。そのときもらった看とりのしおりに、亡くなる直前には息がそういうふうになるとあったのを思い出しました。それであわてて看護師さんを呼びにいこうとすると、セツローさんは「もうなんにもせんでいい」といいました。看護師さんが来ると、延命措置をすることがわかっていたのです。

そしてわたしの手をぎゅっとにぎって「ありがとう」っていうのです。「たくさんかんざしをつくって、女の人たちをよろこばせてくれてありがとう」とこんどはわたしがいうと、セツローさんは、すーっと眠るように宇宙の銀河へと旅立ちました。

夏の暑い日に、セツローさんが谷相に帰る道には、カナヘビが虹色にかがやき、空には蝶やトンボが舞い、山鳩が見送りました。タカサゴユリがおじぎをして、芙蓉の花がゆれました。セツローさんののこしたものは、わたしたちへの無名の贈りものです。臼杵の石仏の絵をはじめ、半夏生、びわ、野の花のスケッチ、木のカトラリー。ちいさな手から生まれた仏様たち。そして愛する女のひとたちへのかんざし。

そしてなんと、セツローさんが亡くなり6年後に『セツローさんの随筆』が信陽堂から出版されました。さいごのさいごまであたたかなおくりものを届けてくれたひと。

あとがき

かぞくのおくりもの経済

家庭はいまでは、すっかり消費するばしょです。わたしは家庭を生産のばしょにしたいのです。お米や野菜や果樹園で、なんでもつくれるものは、つくりたい。

いまの社会では、ギフトエコノミー、おくりもの経済ってことばが、ひとり歩きしています。けれどもおくりもの経済って、女たちが、あたりまえにやっていることです。身近なことでいうと、子どもを産む。母乳で子どもを育てる。夢中になって子どもを育てる。でもこれが、保育園に預けると、保育料というお金がかかる。まいにち家族のためにごはんをつくるけれども、食堂へいけばお金をはらう。テッペイの父、セツローさんもみんなでお世話をしました。介護保険のヘルパーさんをたのむと、たちまちお金がかかる。でも家族のだれかがお世話をするとお金には換算されない。子どもからお年寄りまでのケアはすべて、女たちのおくりものでまかなわれている。ケアこそ女たち中心のおくりもの経済なのです。

こうやって家庭に資本主義経済がはいりこんできて、ケアをだれかにまかせるってことが、じつは資本主義経済がおおきくなるってことだったのです。だから子育てや、セツローさんのケアをだれかにたのんだり、家事育児をだれかにたのむと、とたんにお金が発生して、それが国のGDPの値をあげたりしてきたのでした。そうやって家族のしごとを分業化して、お金化することが経済発展だといわれてきました、こういうのが、フェミニズム的自立だったら、いったい女の自立ってなんだろう。それはほんとうのゆたかさなんだろうか？

たとえば、わたしが、テッペイのもんぺをつくる。でもお金をテッペイにもらったりしないので、これも、おくりもの経済。テッペイは器をつくり、わたしは服をつくる。共につくって、共につかう。たとえば親から子へ土地や家をおくりものする。このように、家族のあいだは、おくりもので満たされています。だれしも裸で生まれたときから、おくりものの産着やおっぱいで、みたされているのです。この体さえも、おとうさんとおかあさんからもらったおくりもので、自分でこしらえたものではないといえるのです。はるかかなた未開の土地の、２００年ぐらい前の、男中心社会のおくりもの経済ではなくて、この村には、太陽と土と水による自然からのおくりものが、いっぱいあるのです。

みそや梅干しやたくあんやラッキョウ漬け、玉ねぎやにんにくの保存や発酵食などたべものをつくるのはわたしですが、窯場でそれを干すのはテッペイ。お茶の葉を摘んで発酵させた紅茶を干したり、スギナをとって野草茶を干したり、バジルや椎茸や梅を干したりします。自然のおくりものが家庭のなかにいっぱいあると、なんだかうれしくゆたかな気もち。

まずお金をものさしにすることをやめてみましょう。お金がなくても、村の女たちはじぶんで、なんでもできる。女たちは、生きるためにたべものをつくり自立しているの

です。村には土着するフェミニズムのちえがいっぱい。女たちがいきいきと生きているのです。わたしが、いまたいせつだと感じるのは、じぶんのたべものをじぶんの手でつくれる土着する女たちのフェミニズムです。自然といったいになって、手でつくる土着の女たちになりたい。

みらいは、わたしのくらしがつくる

わたしたちは、いま資本主義の社会に生きています。お金中心の社会のなかで、お金にたよって生きています。このように分業化した社会では、お金なしにはくらせません。だれかに依存するくらしでは、なにかがなくなると不安になります。

わたしは、種まきをするようになってから、じぶんのみらいをきょうより、よくなると信じるようになりました。みらいは、じぶんの手がつくるのだと。

こういう田んぼや畑しごとは、資本をもとにお金をふやしていくような価値観のもとには、生まれません。でも半分のからだを農民のように、畑と田んぼで、生きるようにしたらどうだろう。太陽と土と水がよりどころの農は、信じられます。お金はたべられないけど、農はたべられるからです。果樹の苗を植えて、果物を採ったり、畑で種まきして、野菜を収穫したり、田んぼでお米を育てる。わたしの種まきが、なにかをつくりだすことができる。すると、みらいは、つくることができるのです。

ちいさな農が、じぶんやかぞくの土台になれば、わたしたちはくらしをだれかに依存することなしにつくることができる。だれかとは、お金なのです。お金に依存していると、お金の流れがかわったとき、国、地球を支配するものがあらわれたときに、自由になれずにとらわれてしまう。わたしのくらしの半分を農へ。そこには、自由があるから。お金から解放される自由があるのだから。

もうひとつ、たいせつなことがあります。種まきして畑で野菜をつくり、稲をそだてるしごとは、じぶんの意思だけではなく、自然の太陽や気候によるものがおおきいのです。だからわたしも自然のいちぶだという気もちがうまれてきます。畑や田んぼでは、自然のことわりをうけいれます。そして自然といったいになれるような感覚が生まれてきます。これは西洋的な自然観とはちがいます。東洋的なすべてのものに神さまが宿る、アニミズム信仰です。そう精霊の神さまへの祈りです。里芋の神さま、梅やあんず、すももの神さま、お米の神さまとひとつになること。わたしも自然そのものになること。そしていろんな情報にまどわされずに自分の感覚で根っこをふかくほる。これは、かつての村のくらしにはあったはずです。こういう野生の感覚をとりもどしたいのです。

早川ユミ

早川ユミ

布作家。
アジアの山岳民族みたいな土着の感覚で服つくり。
ちくちく、ごはん、ときどき旅をしながら、
日本みつばちを飼いはちみつの自給自足。
ちいさな田んぼや畑や果樹園で、土を着るくらし。
たべるもののちいさな自給自足をするかたわら、
本やおはなし会など、ことばを紡ぐしごと。

著書に『くらしがしごと　土着のフォークロア』(扶桑社)、『畑ごはんーちいさな種とつながる台所』(文化出版局)、『早川ユミのちくちく服つくり』『種まきノート』『種まきびとのものつくり』『種まきびとの台所』『旅する種まきびと』『野生のおくりもの』(すべてアノニマ・スタジオ)、『種まきびとのちくちくしごと』(農文協)、『みらいのからだのーと』『ちいさなくらしのたねレシピ』(自然食通信社)、ハンドメイド本に、「かぞくのかてぃか」「野生と生きるためのジャケット」、新刊『土着する』(うずまき舎)。

ホームページ
http://une-une.com

X（旧 Twitter）
@ yumi_hayakawa

インスタグラム
@ yumi_hayakawa24

Facebook
@ Yumi Hayakawa

YouTube
種まきびとチャンネル

撮影／河上展儀
絵／早川ユミ、まりぽん
デザイン／山口美登利、堀江久実（山口デザイン事務所）
校正／共同制作社
編集／北島 彩
早川ユミアシスタント／井澤みく、村上千世（うずまき舎）

種まきびとの絵日記　はるなつあきふゆ

２０２４年９月24日　初版第１刷発行

著者　早川ユミ
発行者　秋尾弘史
発行所　株式会社 扶桑社
〒１０５-８０７０ 東京都港区海岸１-２-２０ 汐留ビルディング
電話　０３-５８４３-８５８３（編集）
　　　０３-５８４３-８１４３（メールセンター）
www.fusosha.co.jp

印刷・製本　ＴＯＰＰＡＮクロレ株式会社

本書は２０１５年に地球丸から発売された『種まきびとの絵日記 はるなつあきふゆ』の記事を加筆、修正し、新たなページを加え、再構成したものです。

ISBN978-4-594-09791-2